独学のプロレス

なぜ究極龍は世界で賞賛されたのか?

ウルティモ・ドラゴン
小佐野景浩

徳間書店

まえがき

僕の嘉浩という名前は、姓名判断で付けてもらいました。子供の頃に名付け親に言われたのは、僕は故郷に錦を飾れないと。確かにその通りの人生になりました。

170㎝そこそこの身長では、日本ではプロレスラーになれず、メキシコに渡り、結果的に古き良き時代のメキシコのプロレスを経験することができました。

僕のメキシコ行きは、一般の方たちにとっての大学進学と同じことだったのではないかと思います。大学の4年間は将来の進路を模索したり、人間形成の上で大切な時間だと思いますが、メキシコで過ごした時間は、僕のプロレスラーとしての根幹になりました。

そして日本ではユニバーサル・レスリング連盟、SWS、WAR、さらにアメリカのWCW、WWEのいい時期をリアルタイムで体感し、その後もヨーロッパなど世界の様々な国を旅して経験を積み、感性を磨く機会に恵まれました。

昔の日本社会は終身雇用が当たり前でした。それがプロレス界では新日本プロレスであり、全日本プロレスであり、組織の中で認められれば上に行けるというシステムだったと思います。

　でも、僕の場合は出発点が普通の日本人レスラーとは違いました。何をやるにしても、自分自身で動かなければ扉が開かないので「これで駄目だったら、こっちを選んで」「ひとつのテリトリーにいるのは、５年ぐらいかな」と、常に道を探して生きてきました。

　そして今、自分自身のキャリアを振り返ると、凄くいい道を歩いてきたと思います。

　世界中を旅して感じたのは、国によって言葉や文化は違っても、人間はみんな一緒なんだなということです。感情の出し方は違っても、プロレスを観て喜んでくれるポイント、怒るポイントにそんなに違いはありません。だからプロレスは国境、人種、言葉を超えることができる素晴らしい文化なんです。

　こういう仕事に巡り合うことができた自分は、とてもラッキーでした。もし商社に勤めていたとしたら大変な書類を作ったり、英語も堪能でなければいけないでしょう。でも自分の場合は、コスチュームが入ったスーツケースひとつあれば、世界中どこでも仕事をすることができました。

　プロレスは、その人の、そのプロレスラーの人生をリングに反映してくれます。プロレスに出会ったからこそ、僕の今の人生があります。僕はプロレスラーになったことで海外にも行くことができたし、いろいろな国でいろいろな文化に触れることができました。

今回の出版に当たっては、人にはどうしても記憶の時系列が前後したり、記憶違いがあるものなので、日本デビューから31年のお付き合いがある元週刊ゴング編集長の小佐野景浩さんにタッグを組んでいただきました。きっといいコンビネーションの本になったと思います。

プロレスは世界に根付く素晴らしいエンターテインメントです。『独学のプロレス』という大層なタイトルが付いていますが、プロレス好きの少年が故郷・名古屋を飛び出して、世界中を旅する中で培ってきた独自のプロレス、プロレス観を知ってもらうことで、プロレスの幅広さ、奥深さ、楽しさを改めて知っていただけたら幸いです。

ウルティモ・ドラゴン

CONTENTS

第1章
プロレス少年

仮面ライダーから猪木、マスカラスに

ウルティモ・ドラゴンこと浅井嘉浩は1966年12月12日、愛知県名古屋市港区港楽町の近藤産婦人科で浅井二郎、すみ子の次男（4人兄妹）として生まれた。体重は2800gで平均より小さい赤ちゃんだった。

生まれ育った昭和40年代は、日本の高度成長期。経済の急激な発展の一方で、各地の工場からの汚染物質の排出は、大気汚染という問題を生んだ。幼少時代の浅井は公害病の四日市喘息の認定患者で、決して体は強くなかったが、運動神経は抜群だった。

小学生時代のヒーローは仮面ライダー。この年代の人なら誰でも覚えがあるだろうが、カルビーの『仮面ライダースナック』を買い、おまけとして封入されていたキャラクター・カードを友達と競うように買い漁っていたという。

そして小学校3年になると新たなヒーローが出現する。アントニオ猪木だ。浅井はプロレス少年になっていくのである。

子供の頃の2大ヒーローはウルトラマンと仮面ライダーでしたね。仮面ライダーは1号、2号、V3、X、アマゾン……アマゾンで、そろそろ卒業っていう感じでした。

その頃、教室で友達が猪木さんの真似をしてコブラツイストなんかをやっていて「これは何なの?」って聞いたら「プロレスだよ」って。

土曜日の夜8時と言えばザ・ドリフターズの『8時だョ!全員集合』を観ていました。ある時たまたまコマーシャルになってチャンネルを回したら、『全日本プロレス中継』をやっていて、アブドーラ・ザ・ブッチャーとハーリー・レイスが乱闘しながら会場の外まで出て行って、おまわりさんまで出てきたんですよ。(※76年5月1日、東京・日大講堂=ブッチャーvs大木金太郎にレイスが乱入して京葉道路での乱闘に発展)

プロレスにいいイメージを持っていなかったんですけど、その時に「何だ、これ?」って思ってから、改めて新日本の『ワールドプロレスリング』で猪木さんの試合を観たら、自分が思っていたプロレスとは全然違っていたんです。

タイガー・ジェット・シンみたいな凄く悪い人を、ターザンみたいに規格外の日本人レスラーがやっつける。「わっ、これはスゲー!」って、夢中になりましたね。

まだスタン・ハンセンが猪木さんのライバルになる前で、ジョニー・パワーズとか、マスクド・スーパースターとかと闘っていた時代です。

ボクシング世界へビー級チャンピオンのモハメド・アリとの格闘技世界一決定戦もテレビで観たし、猪木さんの全盛期と言われる時代の活躍をリアルタイムで観ることができたのは、ラッキーなことだと思っています。

当時は、皆がテレビ中継で覚えたての技を掛け合って、毎日のようにプロレスごっこをやっていました。卍固め、足4の字固め……必殺技を数多く覚えることでクラスの人気者になることができました。

プロレスに最初に興味を持つきっかけが猪木さんで、その後は藤波（辰巳＝辰爾）さんが出てきたりして。そして、猪木さんにハマった次の年の夏（77年）、朝の子供向け番組の『おはよう！こどもショー』にミル・マスカラスが出演したのを観て衝撃を受けました。

子供たちが「Tシャツ脱いで」と言ったら、マスカラスがバーッと脱いだんですけど、筋肉隆々の凄い体をしていたんです。

猪木さんも凄い体をしていましたけど、それとはまた違って「何だ、この人は！」って驚嘆して、それから全日本プロレスも観るようになりました。

男の子って子供の頃にウルトラマンや仮面ライダーとかに絶対ハマるじゃないですか。

でも、大きくなるにつれて仮面ライダーの世界ってテレビだけの世界だと気付きますよね。だからよりリアルなプロレスにスライドしていったと思うんですよ。

プロレス専門誌も小学生の頃から読んでいましたね。最初に買ったのは馬場さんと猪木さんが表紙になった小学館の『プロレス入門』。

プロレスのことがいっぱい書いてあるし、マスカラスのこともいっぱい書いてあって「馬場さんは饅頭を1回に10個食べる」とか「コーヒーを何十杯飲む」とか、ちょっと今のプロレスラーにはないようなエピソードが載っていて「凄いな！」って（笑）。

プロレス小僧が忘れないレスラーのファンサービス

小学生でプロレスに目覚めた浅井は、中学に進学すると、さらにプロレスに熱中していく。実際にプロレス会場に足を運んで観戦し、レスラーが宿泊しているホテルに出掛けて記念写真を撮ってもらうという熱狂的なプロレス小僧に成長した。

浅井の中学生時代のプロレス界は、新日本では猪木がハンセン、ハルク・ホーガンと死闘を繰り広げ、タイガーマスク（佐山聡）がデビュー、ハンセンとアンドレ・ザ・ジャイアントのスーパーヘビー級対決も大きな話題になった。

全日本ではテリー・ファンクの人気が爆発し、引き抜き戦争によってハンセンとブルーザー・ブロディの超獣コンビが誕生、ジャンボ鶴田がＡＷＡ世界王者になるなど、昭和の最後の全盛期と言ってもよかった。

プロレスを初めて観たのは全日本プロレスです。

中学に入学する直前の79年3月9日に『第7回チャンピオン・カーニバル』に参加していたマスカラスの弟のドス・カラスを観るために愛知県体育館に行きました。

確か、メインイベントは外国人対決（ブッチャーvsディック・スレーター）だったと思うんですけど、何かピンとこなかったというか。ドス・カラスの相手が渕（正信）さんでした。

僕が全日本プロレスに参戦するようになって、渕さんにその話をしたら「そんなにいい試合じゃなかったなあ」とニコニコしてました（笑）。

初観戦で記憶に残っているのは、控室から出てきた外国人選手のマリオ・ミラノやビリー・フランシスを見て「デッカイなあ」って驚いたことぐらい（笑）。

それからはナマでよくプロレスを観ましたよ。最初の頃は5000円のリングサイド近くのチケットを買っていたんだけど、それが父親にバレて「プロレスにそんな大金を使っちゃ駄目だ！」って怒られて。

そのうちに小中学生は立ち見なら1000円で入れることがわかって、それからは安いチケットを買って名古屋近辺の会場に通い出しました。立ち見でも、空いてる席に座っちゃえばいいじゃないですか。プロレスファンの知恵ですよ（笑）。さすがに今は無理ですけどね。

会場だけでなく、選手が泊まっているホテルにも行きました。ホテルで初めて猪木さんを見た時、あまりのカッコよさに痺れまくりました。

私服姿もカッコいいし。確か新間さん（猪木のマネージャーで〝過激な仕掛け人〟と呼ばれた新日本の新間寿取締役営業本部長）と喫茶店で打ち合せしていました。僕は遠巻きに見てましたけど、その後にサインと記念撮影をしていただきました。感動でした。

猪木さんもファンに優しかったんですけど、タイガーマスクさんも優しく接してくれました。泊まっていたホテルに子供が30～40人集まっていたんですけど、付き人の山崎（一夫）さんが色紙を集めてサインを書いて、写真も絶対に断らなかったですね。神対応でし

80年3月、友人と共に名古屋市内のホテルでテリー・ファンクと

た。

それに匹敵するぐらい優しかったのがテリー・ファンク。あの人も素晴らしかったです。今、自分がこういう立場になると「面倒臭いな」とか、レスラーの気持ちもわかりますけど、テリー・ファンクはみんなにニコッと笑ってくれるんです。

アントニオ猪木、タイガーマスクとテリー・ファンクの3人は本当に特別な存在でした。

その時の経験は今の僕にも影響していて、ファンの人が来たら、プロレスラーは夢を売る仕事だから、リングを降りてもベビーフェースらしく接しています。

当時は悪役レスラーの存在感も圧倒的でした。僕ら子供たちが近づくと、本気で追い払うので、怖かったものです。でも今から考えるとプロのヒールとしては、最高の対応でした。これも神対応ですよね。

自分がファンからプロレスラーになっているから、ファンの人たちは何が見たいのか、何を求めているのかがわかるんです。

プロレスラーになるための準備

小学生でプロレスを好きになった時からぼんやり「将来はプロレスラーになりたい」って思うようになりました。もちろん観るのも好きだったけど、僕にとってプロレスは「自分がやるもの」という意識が芽生えました。

中1の終わりの文集には「僕は将来プロレスラーになる。そしてチャンピオンになってみせる」って書きましたから（笑）。

中学では陸上部に入りました。猪木さんの自伝『燃えよ闘魂』（東京スポーツ新聞社刊）を読んで、猪木さんが中学時代に陸上競技を始めて、移民したブラジルの陸上競技大会で砲丸投げ、円盤投げ、槍投げで優勝して力道山の目に留まってプロレス入りしたという記

タイガーマスクに憧れ、プロレスごっこでローリング・ソバット

事を読んで「これだ！」と。

猪木さんは投てき種目でしたけど、僕は体が弱かったので、まずは基礎体力と持久力の向上のために中長距離走を専門種目としました。

高校ではアマチュア・レスリングをやりたかったんですけど、その当時にレスリング部がある高校は、名古屋には私立の数校しかなかったんです。授業料も高くて、4人兄弟の次男の僕には高嶺の花。結果的に、公立高校に行くことになりました。

進学した名古屋市立工業高校では柔道部に入りました。中学時代に陸上で基礎体力をつけていよいよ格闘技を学ぶチャンスがきました。

いざ柔道部に入ってからは、空き時間には部室でプロレス技の練習にも励みました。初段取得の昇段試験では、中学時代の佐山さんが柔道の昇段試験をすべてバックドロップで一本勝ちしたというエピソードを思い出し、僕もバックドロップを対戦相手に仕掛け、すべて一本勝ち。無事、昇段試験にも合格しました。

部内の試合でダブルアーム・スープレックスをやったこともありました。僕は一本取ったと思ったんですけど、顧問の先生に「お前ら、そんな技は柔道にはない。投げる方も駄目だし、投げられる方も駄目だ！」と、凄く怒られました（笑）。

高3の時に名古屋市立高校の大会に先鋒で出場して団体優勝したのもいい思い出です。

部活以外では、高校1年の夏からデパートの屋上で戦隊モノのアルバイトもやっていました。先にそのバイトをしていた従弟に「やってみない？」と言われて面白そうだなと。大好きなヒーローになれるアルバイトをしながら、プロレスも観に行くことができる。一挙両得ですよね。

最初の年は大戦隊ゴーグルファイブというのをやっていたんです。その次に科学戦隊ダイナマンをやりました。単体では宇宙刑事ギャバンのショーをやっていて、僕はギャバンじゃなかったけれど、宇宙刑事シャリバンの時は主役をやっていました。

ああいうショーには殺陣《たて》の先生がいて、決まったパターンがあるんですけど、そこからアレンジするんです。間合いとかは将来プロレスをやる上で役に立ったと思いますよ。

戦隊モノのショーの後はサイン会をやるわけです。別に自分は本物のシャリバンでもないのに「シャリバン」ってサインを書いて。でも今は、堂々とリングネームであるウルティモ・ドラゴンのサインを書けるようになりました。

中学時代の陸上、高校時代の柔道、戦隊モノのアルバイト、すべてがプロレスをする上でプラスになることばかりでした。無駄なことはひとつもなかったです。

プロレスラーになってから使い始めた空中殺法も、戦隊ショーのアルバイトで教えてもらったものが原点にはあるんです。そこから高校の柔道場でプロレス技にアレンジしたりとか、練習をしたことが、のちのメキシコでのレスラー生活の糧となっていたのです。

体操部から誘われたこともありますよ。バック転とかはあくまでプロレスをやるために覚えたんであって、体操選手になりたいとは1回も思ったことはなかったです。

その頃、タイガーマスクが出てきて、ムーンサルトとかサマーソルトとかやっていたから、ただそれがやりたくて我流でやっていただけでした。

憧れの佐山さんからのアドバイス

背が低かった僕にとって目標となったのは、中3になったばかりの81年の4月に現われたタイガーマスクです。プロレス専門誌を愛読していたから、その正体が佐山聡だということはすぐにわかりました。僕が高校に進学して柔道部に入ったのも、佐山さんが柔道をやっていたと知ったからです。

タイガーマスクの試合をナマで初めて観たのは高1の時、愛知県体育館でした。ブレット・ハートとの試合（82年7月30日＝WWFジュニア・ヘビー級選手権）です。

実際に近くで見たタイガーマスクは、僕とあまり背丈が変わらなかったにもかかわらず、強烈なオーラを感じ「これだ、この人を目指そう！」と思いました。そう、僕はタイガーマスクになりたかったんです。

で、高3の夏、タイガーマスクがザ・タイガーになって復活すると知って、UWFの『無限大記念日』（84年7月23、24日＝後楽園ホール）を観るために東京に行きました。

初日はソールドアウトで観られなかったんですけど、2日目のザ・タイガーvsマッハ隼人は観ることができたし、当時、世田谷区瀬田のパークアベニューっていうスパとかが入ったお洒落なビルにあった『タイガージム』にも行って体験入門させてもらいました。

その時は山崎さんがインストラクターをしていて、他の生徒さんたちと一緒に少しだけ蹴りの防御とかを教わったこともいい思い出です。

その場にいらっしゃった佐山さんには「君、運動神経いいね」って声を掛けていただきました。「僕はプロレスラーになりたいんです」って伝えました。当時の佐山さんはカール・ゴッチさんが提唱していたバーベルを使わないトレーニングを推奨していたんですけど「プロレスだったら体を大きくしなきゃいけないから、ボディビルをやった方がいいよ」って仰ってくれました。

『タイガージム』は格闘技のジムでしたけど、佐山さんがプロレスラー志望の僕にアドバイスしてくれたのは嬉しかったですね。

山崎さんに教えてもらえて、佐山さんと話ができて、それでTシャツまで付いてきて……1日体験入門はタイガーマスクのファンにはたまらなかったですよ(笑)。

当時、注目されたUWFですか？『無限大記念日』でのザ・タイガーとマッハ隼人さんの試合は、ザ・タイガーがショルダースルーから回転して、パッと着地するとか、それまでのタイガーマスクのプロレスと同じだったのが嬉しかった。

でも、それ以降のUWFの試合は格闘技の要素が強く、凄くゴツゴツしていて「自分が子供の頃に憧れていたプロレスと変わってきたな」と思いましたね。

幻に終わった全日本プロレス入門

実は高校時代、卒業を待ちきれなくて全日本プロレスに入門を打診したことがありました。もちろん新日本に入りたかったけど、全日本のポスター張りのバイトをやっていたことがあったので「僕は小さいからツテがないと絶対に入れない」と思って、バイトの時にお世話になった当時の全日本の営業の出戸（裕一）さんに頼んでみたんです。のちに出戸さんは全日本を辞めてSWSの営業部員になって、そこで再会しています。

そんなこともあって、出戸さんを通じて入門希望者関連の話を仕切っていたグレート小鹿さんに打診してもらったんだけど「そのコ、身長何センチぐらいあるの？」って聞かれて、出戸さんが「170㎝ぐらいです」って答えたら、その時点で終わり。小さすぎるということで会ってもらえませんでした。いわゆる門前払いってやつですね（笑）。

その後、レスラーになって小鹿さんとお会いする機会があった時にそのことを話したら「しょうがねぇだろう。そんな奴はたくさん来るからな」って笑っていました。

そうこうしているうちに進路を決めなければいけない時期になり、クラス全員の就職先が決まって、プロレスラー志望の僕だけが取り残されてしまいました。

ウチの実家が日立系の家電販売店を経営していた関係で、先生には全国の系列店の後継者を育成する専門学校への進学を勧められました。

学校は、東京の世田谷と兵庫の芦屋にあって、親は当然、名古屋から近い芦屋の学校に行って欲しいという希望がありました。でも僕が「世田谷じゃないと行かない！」と言うと「何で世田谷なんだ？」と首を傾げていました。それでも強引に親を説き伏せて、世田谷の学校への進学を勝ち取りました。

なぜ、世田谷の学校に決めたかは……プロレスを諦めて進学を決めたのではなく、僕にとっては世田谷＝新日本プロレス道場だからです（笑）。

正直、学校よりも、世田谷にいけば新日本プロレスの道場に一歩でも近づけると思ったからです。それから希望を抱いて、東京行きの新幹線に乗りました（笑）。両親には申し訳なかったですけど、どうしても自分の夢をかなえたいという気持ちが勝りました。

第2章

プロレス落第生

新日本プロレス入門テスト

浅井嘉浩が上京した85年はプロレス界が混沌とした年だった。前年84年4月にUWFが旗揚げし、9月には長州力ら維新軍団を始めとする新日本プロレスの多くの選手が全日本プロレスと業務提携するジャパン・プロレスに移籍した。

新日本、全日本&ジャパン連合軍、UWFの3派に分かれて鎬を削っている中、浅井は学校に通いながらプロレスラーになるべく積極的に動き回り、新日本の入門テストにたどり着くが、現実は厳しいものだった——。

上京してすぐ行ったのは、新日本の後楽園ホールです。その時、荒川（真＝ドン荒川）さんに入門を直訴したら「入門への最低条件は50m走で6・5秒、ベンチプレスで150kg挙げられるようになったら来い」と言われて……次の日から課題をクリアするための特訓を開始しようと決意しました。

荒川さんに課せられたベンチプレス150kgというのもあったし、高3の時に佐山さんにもアドバイスをいただいていたので、東京に出たらボディビルのジムに行こうと思っていました。ところが、学校の規則上、夜の外出ができなかったので、仕方なく卒業までの半年間は授業後に校舎の屋上で自主トレをしていました。

半年後の10月に無事卒業して世田谷区上馬の『デンキハウス・サワヤ』に研修に行きました。社長さんが理解のある方で、月水金の週3回は渋谷の日本ボディビル・センターに通わせていただきました。特にベンチプレスには力が入って、1ヵ月後には100kgは挙げることができるようになりました。

で、ボディビルジムに通いながら、プロレス界にツテを作ろうと思って、当時住んでいたアパートからすぐ近くの三軒茶屋にあるジャパン・プロレスの永源遙さんが経営されていた『永源ラーメン』にも通っていました。

店のマスターに「俺、プロレスラーになりたいんです」と言ったら、永源さんを紹介してくれたんです。お会いするなり小遣いをいただいてビックリしましたよ。それで「話は聞いているけど、プロレスラーになりたいのか？」と言われて「はい」と答えたら「ちっちゃいな。ウチ（ジャパン）は難しいから、山本（小鉄）さんに聞いてみろ」と。

当時の僕なんて、プロレスラーになりたいだけの一介の子供じゃないですか。そんな人間はたくさんいるはずなのに、そうまでしてくれた永源さんは豪快な人だなって思いましたね。

新日本の入門テストを受けたのは年明け86年の1月です。ベンチプレスも何とか課題の150kgを挙げられるようになって、心身ともに自信が持てたタイミングで新日本の事務所に履歴書を送りました。

新日本の入門規定には「身長180cm以上、25歳以下の健康な男子」と記載してあったので「まぁ、2cmぐらい身長が足りなくても大目に見てくれるだろう」と「178cm」と書類に明記して、応募しました。全日本プロレスもジャパン・プロレスも「体が小さいから駄目」だったので、書類審査をパスするためには、やむを得ないと思ったんです。それほど必死でした。

いざテストを受けに道場に行ったら、小鉄さんは僕を見るなり「178cmないだろう!」って。僕は下を向いて「はい」と言うのが精一杯でした。そりゃ、見たらわかりますよね。それでも小鉄さんは、本来だったら僕を追い返すはずのところを、実技のテストを受けさせてくれました。思い返すたび小鉄さんには感謝以外の言葉が見つかりません。

テストの内容は鮮明に憶えています。スクワットとかプッシュアップとか、外を走ったりとか……。何とか、こなせましたね。

あのテストで小鉄さんはスクワットが何回できたとかではなくて、全体的なバランスとか、気持ちの強さとかを見ていたんだと思います。

あとは船木（優治＝誠勝）さんと少しだけスパーリングをさせてもらいました。船木さんがリングに上がって四つん這いになって、小鉄さんに「さあ、ひっくり返してみろ、始め！」と言われましたけど、ビクともしなかったです。

あっという間にレッグロックを極められてしまいました。あんなに痛かったことは生まれて初めてだったので「若手でこれだけ強いんだから、メインイベンターって、どんなに凄いんだろう？」って心底思いましたね。あれは衝撃的でした。

スパーリングはまったく駄目でしたが、その他のテストはクリアしたので、僕的には「何とか合格だ！」と思って結果を楽しみに待っていたんですけど、しばらくして届いたのは「不合格」の通知でした。

「身長が足りないから不合格ですが、その情熱があれば他の業界でも立派にやっていけるはずです。頑張ってください」という小鉄さんの直筆のメッセージをいただきました。本当に有難かったですけど「これで諦めたら、自分の人生は無意味なモノになってしまう」と思いましたね。

テストを受けた時、道場には今のライガーさんとか、片山（明）さんとか、小柄な人がいたんですよ。だから、このまま諦めてたまるかというのが正直な気持ちでした。

通いの練習生

浅井が入門テストを受けた86年1月当時、新日本は若手が充実していた。小杉俊二、後藤達俊、山田恵一（獣神サンダー・ライガー）、佐野直喜、畑浩和、蝶野正洋、橋本真也、野上彰、船木、練習生として大矢健一（現・剛功）、片山明、松田納（エル・サムライ）、飯塚孝之（現・高史）がいた。

さらにアメリカにはフロリダ修行中の武藤敬司がいて、この年の1月から業務提携によってＵＷＦの若手の中野龍雄（現・巽耀）、安生洋二、宮戸成夫（現・優光）、岡本剛、広松智が加わったため、身長が入門規定に届かず、これといった格闘技の実績がない浅井が入り込む余地はなかったのである。

自分としては不合格になった理由が釈然としなかったら、直接話を聞こうと思って南青山の新日本プロレスの事務所に「山本小鉄さんに会わせてください」と何度も行きましたけど、門前払いの連続でした。無理もない話です。

そんな中、通っていた日本ボディビル・センターの中にあるボクシングジムの会長が、新日本とつながりがあったことが分かったんです。

その会長に会いに行ったら「お前はボクサーになったらどうだ!?」って言われたんですけど「いや、僕はプロレスラーになりたいんです」と伝えたんです。それまでの経緯もすべて話したんです。

「じゃあ、小鉄に手紙を書くから持っていけ」って一筆書いてくれて、そうしたらすぐに小鉄さんにお会いできました。やっぱり人のつながりは大切です。

小鉄さんに「お前、どうしたんだ?」って言われて「不合格は納得がいきません」と答えたら「何がしたいんだ?」って言われたんです。それで「皆さんと一緒に練習させてください。付いていけなかったら、諦めます」と、自分の気持ちを話したら「じゃあ、明日から来いよ」と。道場に住み込みではなく、前代未聞の通いの練習生になることができました。

「あとは頼むよ」と言われた道場の管理人さんは困ったと思いますよ。僕が何者かはわかっていなかったと思います。小鉄さんの内弟子みたいな前例はなかったですからね。

僕が道場に通い始めたのは86年2月。寮長の小杉さんは、正式な新弟子ではない僕のことも分け隔てなく面倒を見てくださり、ちゃんこの食べ方などの礼儀作法も教えていただきました。その後、寮長は蝶野さんに交代しましたが、蝶野さんは、練習以外はほとんど道場にいませんでしたね（笑）。

午前10時から2時間、新日本の道場に行って練習して、午後2時から夜9時までは『デンキハウス・サワヤ』で仕事をする毎日でした。

当時を思い出すと、僕は正式な新弟子ではなかったので、受け身などのプロレスの技術的なことを教わることはなかったです。当たり前ですよね。やっていたのは基礎体とスパーリングです。自分は体力もないし、柔道を高校時代にやった程度の格闘技歴しかないから、スパーリングでは実験台のようにいつもボロボロにされていましたよ（笑）。

嬉しかったのは選手の皆さんから練習後に「飯を食っていけ」って声を掛けてもらえたことです。道場の飯があまりにも美味くて「プロレスラーになれば、こんなに美味いもの食べられるんだな」って感動しました。

とはいえ、やっぱり正規の新弟子の方と通いの練習生の違いは感じました。普通に考えても「あいつは何だよ?」って思いますよね。小鉄さんの知り合いの息子か何かに思われていたんじゃないかと思いますよ(笑)。

この時期の道場の思い出と言えば、船木さんにとてもよくしてもらったことです。僕の印象では、船木さんって僕より年が若いのに、すでに体はできあがっているし、強かったんです。それなのに、船木さんにはジャージをもらったり、プライベートでも良くしてもらいました。船木さんに誘われて、1回だけ喧嘩芸骨法の練習に行ったこともあります。けれど、何で弱い僕が連れていかれたのか。いまだにわかりません(笑)。

運命の出会い

僕の運命が動いたのは、通いの練習生になってから半年が過ぎた夏(86年8月7日)、後楽園ホールのジャパン女子プロレス旗揚げ戦に行った時です。

その頃は一旦、名古屋の実家に帰ってました。通いの練習生になって午後しか仕事ができなくなったことで給料が半分になり、生活ができなくなっていたんです。

練習を続けるには軍資金が必要なので、実家に戻ってアルバイトをしてお金を貯めていました。その最中に確か用事があって上京した時に後楽園ホールに行ったはずです。小鉄さんは旗揚げ前のジャパン女子のコーチになっていて、選手たちが新日本の道場に週に3回来て練習をしていました。そうすると自然と顔見知りになるじゃないですか。それで旗揚げ戦の後楽園ホールに顔を出したんだと思います。

その場にたまたまいたのが、メキシコUWAの副会長のカルロス・マイネスさんです。当時の新日本は若手がいっぱいいいたし、入門できる余地もなかった。「このままだと駄目だな」って思っていた時期に突然、マイネスさんが目の前に現れたことで「これだ！」って閃いて、小鉄さんに「僕、メキシコに行きたいです」って直談判したんです。

自分が思い描いていたのは、新日本に入門して、1~2年前座で修行した後に、メキシコに武者修行に行こうというものだったので、前座修行を飛び越えて、直接メキシコに行けば一石二鳥だと閃いたんです。

そうしたら小鉄さんが「何だ、お前はメキシコに行きたいのか?」って。小鉄さんも「こいつ、ずっと諦めないでいるけど、どうするんだろう?」って内心では困っていたと思うんですよね。

小鉄さんがその場でグラン浜田さん、マイネスさんに「こいつは俺の弟子だから頼むよ」と紹介してくれて……。そうしたらマイネスさんは「ワーキングビザの取得の手続きとかもあるから、メキシコに来る3ヵ月前には連絡するように」と。信じられないことに、二つ返事でOK。いきなり僕の未来が開けたんです。

何でマイネスさんが簡単にOKしてくれたのかなと不思議だったんですけど、それには理由があったんです。

昔、猪木さんとタイガー・ジェット・シンの試合をメキシコから中継した時（80年4月13日）、第1試合に出る選手が来なくて、ピンチヒッターをテレビ解説で来ていた小鉄さんに頼んだらしいんです。小鉄さんは引退した直後（同月4日、川崎市体育館で引退）だったので、「俺は日本で引退しているから……」って。でもマイネスさんのオファーを快く引き受けたそうです。

そんな経緯があったから、マイネスさんは「借りのある山本の弟子だったらば」と、日本でデビューもしていない僕を快く受けて入れてくれたそうです。

山本小鉄さんの教え

それからメキシコに行く軍資金を貯めるためにまた名古屋に戻って、10月に準備ができたので小鉄さんに連絡しました。すると突然「道場に入れ!」と。

「道場に住み込んで厳しい練習をみっちりやってからメキシコに行った方がいい」と考えたのでしょう。それは小鉄さんの親心だったと思います。

とりあえず、小鉄さんの内弟子という形で住み込みになったんですけど、あまりにも選手が多いので、先輩選手のお世話をするにも本当に大変でした。でも憧れのプロレスラーに一歩でも近づけたのは、嬉しかったですね。藤波辰巳(現・辰爾)さんや木村健吾(現・健悟)さんのリングシューズを磨けたのは、いい思い出です。

ある時、新日本の坂口(征二)さんが僕を見て「あいつは誰だ? 何で道場に住んでいるんだ?」と。当時副社長だった坂口さんの立場だったら当然の話ですね。

そんな僕を藤波さんが「何とかするから。心配するな。頑張れ」みたいに言ってくれたのが凄く嬉しかったですね。

結局、入門はできなかったですけど、小鉄さんからは、自分のプロレス人生にとって、かけがえのないとても大切なことをいくつも教えてもらいました。その中のエピソードのひとつとして、忘れられないのが力道山先生の思い出話です。

ある時のことです。小鉄さんがいきなり「お前、力道山ってわかるか?」と聞いてきました。僕が「はい」と答えると、意外なことを言い始めたのです。「力道山ははっきり言ってテクニシャンではなかった」と。続けて「だけどな、力道山の試合は気迫があって、本当の殺し合いに見えた」と言うんです。

そのエピソードを聞いてもすぐにはピンときませんでした。ところが、この言葉が自分のプロレス人生を重ねていくうちに、とても大きな意味を持つようになりました。これは後程、お話をします。

こんなこともありました。テレビのドラマに小鉄さんが出演するというので、僕もマネージャー兼エキストラとして撮影に参加したんです。そして、僕がスタッフに混じって談笑していると、いきなり小鉄さんに呼びつけられ、いきなり「バシッ」とぶん殴られたんです。僕には何のことだかさっぱりわかりません。すると小鉄さんは「お前はプロレスラーなんだ。プライドを持ってやれ」と。僕が撮影スタッフやエキストラの人と、一緒になって和気あいあいとしている様子に、プロ意識が足りないと思ったのでしょう。ここから僕は、「レスラーとは常に人に見られる存在なんだ」というのを強く意識するようになったのです。

小鉄さんの教えは一筋縄ではありません。時には口うるさいことを言っているなあと閉口することもありましたけど、その言葉の中には、プロレスラーとしての矜持や人間としての生き方の指針が含まれていました。

小鉄さんは、何かにつけ「お母さんを大切にしろよ」と仰っていました。僕が後にメキシコに行く直前にも「お母さんに電話をしろよ」と気遣ってくれました。

メキシコに行く直前、実家に帰って、いきなりメキシコ行きを告げると、父親は「お前は勘当だ」と激高されました。すると傍らにいた母親は黙って封筒を渡してくれたんです。

その真意がわかったのは、メキシコに渡る直前に成田空港で母親に電話した後のことでした。電話口では「いろんな人に助けてもらったんだからメキシコから帰ってこなくていい。頑張れ」という激励のメッセージだけでした。

そして空港で封筒を開けると、中から出てきたのは、メキシコからの帰りの航空賃。その瞬間、僕は母親の情けと小鉄さんの言葉が、リフレインしました。これまで抑えていた感情が溢れ出し、ボロボロと泣いてしまいました。

母親も小鉄さんもお見通しだったんですね。メキシコに行く僕の期待と不安の気持ちを。初めての飛行機での移動。初めての海外旅行でいきなり異文化に足を踏み入れるわけですから。

日本とメキシコの受け身の違い

その後も新日本の道場での練習は続けました。ある日、小鉄さんに「ジャパン女子の道場に言ってメキシコのプロレス……ルチャ・リブレを教えてもらってこい」と言われて、ジャパン女子のコーチをやっていた浜田さんのもとに通いました。年明け87年2月頃だったと思います。

その当時だと、男子のレスラーが女子プロレスに出稽古に行っているなんて知られたら恥ずかしかった時代。そこで小鉄さんは「お前、女子の道場にいっていることは誰にも言うなよ。日体大の体操部に行っていると言え」と。

それを皆に話したら「え～っ、浅井は2代目タイガーマスクになるの？」と蝶野さんに言われました。本当は女子プロの道場に通っていたのに……。その時の先輩たちには本当のことは言えずじまいでした。

ジャパン女子では「さあ、ルチャ・リブレを教えてもらおう」と思っていたにもかかわらず、一向にルチャ・リブレなんて教えてくれませんでした。浜田さんに「プロレスはどんなに練習したって、実際の試合で経験を積んでナンボだから。日本でやってたって覚えないんだから、やらなくていいんだよ。お前、メキシコに行って永住だろ？　帰ってこないんだから、日本にいる時は遊んでいた方がいい」と言われて、練習よりも一緒にパチンコに行く時間の方が多かったですね（苦笑）。

ジャパン女子のリングアナウンサーだった山本雅俊氏が「浅井さんはジャパン女子に練習に来ていた時から天才でした。プラム麻里子とプロレスのスパーリングをやったんですけど、プラムの良さを見事に引き出す試合をしていました」と言っていたことがある。実際にジャパン女子ではどんな練習をしていのだろうか？

それはプロレスのスパーリングですよね？　その時かどうかわからないですけど、誰かにエルボーを思い切り入れたんですよ。そうしたら浜田さんに「お前、アホか⁉」みたいなことを言われたことはありました。別にプラム麻理子さんとやって、うまかったとかそういう記憶は全然ないですね。

スパーリングの記憶はほとんどなくて、ジャパン女子では飛んだり跳ねたりできるエステル・モレノがいたから、そこで初めて受け身の練習をしたんですよ。

ジャパン女子にはレフェリーとしてブラソス（ブラソ・デ・オロ、エル・ブラソ、ブラソ・デ・プラタの3兄弟）の父親のシャディート・クルスが来ていて、彼からは日本式とメキシコ式の受け身の違いを教わりました。

見様見真似で受け身の練習をやっていたら、そこにシャディートが来て「そんなんじゃ駄目だ。こうやって音をパパーンと出すんだ」と。

日本ではバシーンと体をフラットにして背中全体で取りますけど「メキシコに行ったら、コロンと転がって手でマットをパパーンと叩いて音を出せ」と言われたんです。

彼の説明は凄くわかりやすくて、真後ろに倒れるよりも、横になりながらパパーンとマットを叩いた方が、お客さんがワーッと沸くと。

メキシコに行ってわかったのは、日本の団体がリングを持って全国を回るのとは違って、会場によってリングの硬さが全然違うんです。大概は硬いです。

一番ひどいところでは、コンクリートの上にオガクズを撒いただけで、その上にキャンバスを敷いてました。あれは痛かったです。

だからメキシコでは日本のバーンという大きな受け身は取れないです。あれは無理ですよ。大きく取るより小さくパパーンと取らないと。

ルチャの受け身は柔道の受け身に近くて、僕は高校で柔道をやっていたので、覚えるのは早かったですよ。

ジャパン女子で練習したのはホントに短い期間でしたけど、その時にシャディートとか、エステルに聞いた話がメキシコに行った時に本当に役に立ちました。

メキシコに行く何日か前に「今日で練習は終わり」ということで、銭別として浜田さんが「今日は千本本受け身だ!」とか言って、女の子にもボンボン投げられて。ロープに振られて、ロープワークもやっていたのも思い出です。マジ、フラフラになりましたね、あの時は(苦笑)。

第3章

プロレスラーとしての生まれ故郷

デビュー戦で戸惑わなかった理由

浅井嘉浩が日本を出発したのは１９８７年５月10日。北沢幹之（新日本プロレス時代のリングネームは魁勝司）が経営するカーペットやフローリングを剝がす床材撤去の会社でのアルバイトで貯めた軍資金で韓国・金浦空港経由の大韓航空でロサンゼルスに行き、メヒカーナ航空でメキシコシティに向かった。

浅井が赴いたメキシコＵＷＡ（ユニバーサル・レスリング・アソシエーション）は老舗団体ＥＭＬＬ（現ＣＭＬＬ）から独立したフランシスコ・フローレス、レイ・メンドーサらが１９７５年１月29日にメキシコシティのパラシオ・デ・ロス・デポルテスで旗揚げした団体。メンドーサ、ミル・マスカラス、エル・ソリタリオ、アニバルなどのスペル・エストレージャ（スーパースター）が揃い、ＥＭＬＬから多くのエストレージャが移籍した。

フローレス会長はルチャを国際的な団体にするべく日本の新日本プロレス、さらに新日本のルートでアメリカのＷＷＥ（当時はＷＷＦ）と業務提携してアントニオ猪木、藤波辰巳（現・辰爾）、タイガーマスク、長州力、タイガー・ジェット・シン、スタン・ハンセン、アンドレ・ザ・ジャイアント、ボブ・バックランド、ハルク・ホーガン、ビッグバン・ベイダーらを登場させている。

メキシコに到着する3日前の87年5月8日、フローレス代表は老衰のため死去したが、浅井のメキシコ・デビューを受け入れたフローレス会長の甥カルロス・マイネスの手腕で立ち直り、浅井はUWAの最後のいい時代を経験することができたと言っていいだろう。

なお浅井のデビュー戦は、現地到着2日後の13日、イゴルダ州の州都パチューカのアレナ・アフィシオンで行われることがすでに決まっていた。

メキシコシティのベニート・ファレス国際空港に到着したのは5月11日です。迎えに来ているはずのUWA関係者がいなかったから、いきなり焦りました。その人は日本から来る僕を国内線の到着口で待っていたらしくて、いかにもメキシコらしいなと（苦笑）。困り果てた僕は、スペイン語も喋れないのにタクシーに乗り込みました。すると運転手は「どこかに泊まった方がいい」とホテルに向かい、メキシコ初日は何とか乗り切ったのです。

そして次の日の朝、ようやく畑さんと連絡を取ることができました。そこから僕が住むことになるＵＷＡ本部にも行きました。マイネスさんに挨拶したら「どこに行ってたんだ」とニコッと笑ってくれて。

当時のＵＷＡ本部には敷地内にアパートがありました。そのアパート屋上の物置きが、僕の部屋として、あてがわれました。

ＵＷＡの事務所にいろんなレスラーが顔を出していて、その中にはブラックマンもいましたね。まだファン感覚で「あっ、ブラックマンだ！」と思ったら、向こうから「ブラックマンです」と挨拶してくれました。

レスラー、関係者の皆が一人前扱いしてくれましたよ。自分と普通に接してくれたので「メキシコっていい所だな！」とすっかり気に入ってしまいました。

デビュー戦の試合前、対戦相手に挨拶に行きました。すると向こうは僕のことを見るなり「君が対戦相手なのか！」って、ニッコリ笑ってくれたんですよ。

あの時にはグッときましたね。普通、戦うとなれば「あの野郎！」とかってなると思うんですけど、そういうのが全然ないんです。

本当に誰もが、プロレスラーというよりも、ひとりの人間として接してくれたので、メキシコに行く運命だったんじゃないかと決意を新たにしました。

87年5月、佐野&畑とのラ・テルシア・オリエンタルでデビュー

浅井のリングネームはシンプルにアサイ。デビュー戦はマイネスにラ・テルシア・オリエンタル（東洋の3人組）と命名された佐野、畑とのトリオでエル・トレオ認定トリオ王者のロス・ミショネロス・デ・ラ・ムエルテ（エル・テハノ、エル・シグノ、ネグロ・ナバーロ）とセミファイナルで対戦するという破格の扱いだった。

マイネスさんは新日本の正規の若手の佐野さん、畑さん、小鉄さんの内弟子の僕を3人で売り出すというのを決めていたそうなんです。

実際にギャラも佐野さん、畑さんと同じだったんですよ。佐野さんと畑さんはとってもいい人で、「おお、よかったじゃねえか」と言ってくれたんです。僕をパシリに使わないし、この2人がいて、とても心強かったんです。

デビューする日にちと対戦相手はメキシコに行く前にグラン浜田さんから聞いていました。まだ当時の僕は素人同然だったから「俺、そんな凄い人たちと……」と思っていたら、浜田さんが「何ビビってんだよ。アイツらで丁度いいんだよ。バンバン動いてくれるから。アイツらはデビュー戦には最高だよ」って、励ましてくれました。

忍者スタイルですぐに人気レスラーに

デビュー戦のことは……よく憶えてないですね。佐野さんは「しょっぱかったけど、普通だったよ」って言ってましたけど（笑）。

ちなみに、当時のメキシコでは、試合数は4試合か5試合。6人タッグは試合時間が30分程度というのが、一般的な流れでした。デビュー戦の時はセミファイナルだったから、自分たちの出番前に3試合あったんです。で、1試合目と2試合目を観て「こうやってやればいいんだな」というのがわかったんですよね。「ああ、こういうことか！」と。

メキシコの6人タッグマッチは独自の流れがあるじゃないですか。確か佐野さんと畑さんがパパパッと動き出したので、僕はついていくのが精一杯。エル・シグノにバックブリーカーをしようとしたところ、あの人は大きかったからパッと落としちゃったんですよ。するとシグノは、コロコロとうまくやられてくれたんです。うろ覚えですけど、そんな記憶はあります。

結果的に自分がすんなりルチャ・リブレに馴染めたのは、日本でのプロレスの試合経験がなかったから。日本のプロレスのように、間合い取って、手四つから入って……とかはやらないから、日本とは違うなとは思いましたけど。僕は試合自体をやったことがなかったから戸惑いはなかったです。

自然に覚えたプロレスのセオリー

プロレスの技術には細かいセオリーがある。ロープワークにしてもステップした時に相手を見やすく見栄えもいい歩数、ロープへの当たり方、当たった時のロープの握り方、反動を利して走る時の踏み切りなど、事細かい基本が散りばめられている。

タックルは体の左で当たり、ロープワークのセオリーからしたら、相手を倒したら普通は右に走る。その時、倒された相手は距離を取るために右肘を支点して起きて、ちゃんと相手を見なければいけない。

相手がタックルの後に、そのまま真っ直ぐに走り抜けた時には、左肘を支点に起きて相手との距離を取る。倒されたり、投げられたら、次に技ができるように相手との距離を取るように起きるというのが、プロレスのセオリーだ。

これは一例に過ぎず、浅井はそうしたプロレスの様々なセオリーを学ぶことなく、いきなりデビューして、試合を成立させたのだから、やはり天才と言うべきだろう。

タックルの攻防とかは自然と覚えました。それはできましたね、見様見真似で。最初から普通にできていたと思います。

多分、子供の頃からずっとテレビを観ていたんで、自然に「次にこうなったら、こうなる」って頭の中に入っていたんじゃないですか。だから練習らしい練習はしていません。アマチュア・レスリングとか相撲とか、いろんな格闘技を経験した人って多分、プロレスがどういう仕組みで成り立っているとかっていうのをまったく理解できないと思うんですよ。でも僕は子供の頃からプロレスを観ていて、おのずとどういうものかをわかっていたんだと思います。

他の格闘技で大活躍したのに、プロレスに入ってきて困る人は少なくないですよね。そんな中で、いきなりアマリロでデビューして、すぐに日本でもメインイベンターになったジャンボ鶴田さんは、プロレスのセオリーを教えなくても、できたんだと思いますよ。スケールは全然違いますけど、僕はそれに近かったんじゃないですか。

天才過ぎて、普通の人が何をわからないのかがわからない（笑）。勉強できる人が「何がわからないの？」って言うのと一緒ですよ。

僕が思うには、日本ではデビュー前にひとりのコーチが事細かく教えるから、みんな同じ動きになっちゃうんですよ。個性がなくなるんです。

だから僕がのちに闘龍門で教えたのは基本的なことだけで、あとは自分たちの好きなようにやってもらいました。ロープの持ち方にしても、別に正解はないですから。

「パーンと体がロープにヒットして、その反動で走るのはいいけど、ロープの反動を使わないで走るのは駄目だよ」とかぐらいですね、注意するのは。

固定観念で「こうだ！」というのはないです。ベースがあって、そこからは個人が作り上げていかないといけない。

簡単な方法としては、最初は誰かの真似をしろということです。そこから自分のスタイルを作っていけばいい。日本の若手レスラーがやっているロックアップから入る形だと、まったく個性が出ないと思うんです。

僕がメキシコに行った時に真似したのはタイガーマスクですよ。ほとんどコピーみたいなもんですよ。今でも同じじゃないですか（笑）。

僕は闘龍門で生徒たちに「自分の好きな選手のコピーから入ればいいから。コピーから入って自分のスタイルを作っていきなさい」って言ってきました。

デビューしてすぐに自分のスタイルを確立する必要はなくて、まずデビューして、いろ

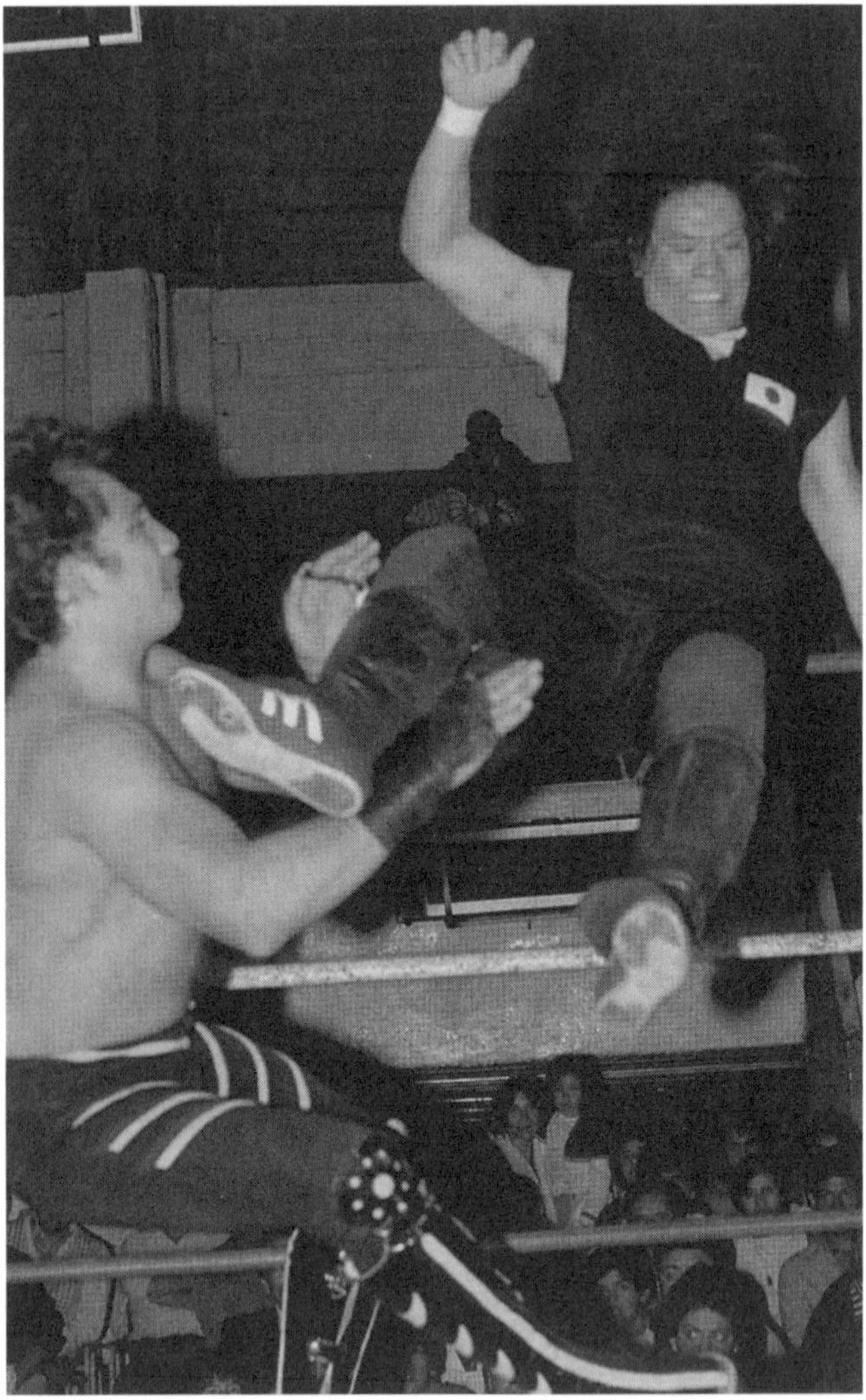

メキシコにずっといるつもりでルチャ・リブレの世界に飛び込んだ

いろなものをアレンジしながら自分のスタイルを作っていけばいい。

タイガーマスクがリング上を華麗に舞うステップは、ブルース・リーなのかなと思って、佐山先生に聞いたら違いました。マスカラスだったんです。

だから佐山先生が2005年にメキシコに来てくださった時も「マスカラスに会えてよかった」と仰っていました。あの時、佐山先生はメキシコに来ることを躊躇していたと思うんです。飛行機も苦手みたいで。メキシコのプロレスに抵抗があったようだし。

でも、アレナ・メヒコに行ったら突然流暢にスペイン語を話し始めたんです。で、いろいろ思い出したらしくて「楽しかった」って言ってくれて。それで「ああ、来ていただいてよかったな」って思いました。僕にとって初代タイガーマスクとアレナ・メヒコでタッグを組めた時は最高の瞬間でした。(05年5月13日、ウルティモ&タイガーマスク&ドス・カラスJr.のトリオでロス・ゲレーロス・インフェルノ=ウルティモ・ゲレーロ&タルサン・ボーイ&レイ・ブカネロに勝つ)

ルチャ・リブレは大衆芸能

日本からメキシコに修行に出たレスラーが、戸惑うケースは多い。日本やアメリカのプロレスは相手の左を取って攻めるが、ルチャは逆に左を取って攻めるし、試合の組み立てがまったく違うからだ。その違いを浅井はどう感じていたのか?

ルチャは右を取るって言われてますけど、右も左も両方とも取りますよ。というかルールがないんです。

浜田さんは新日本で育って、メキシコで活躍したレスラーだから、右も左も両方できたんです。あと、凄いと思ったのはビジャノⅢですね。

彼が初来日して佐山先生のタイガーマスクとやった時(81年6月24日、蔵前国技館)、佐山先生はアメリカ式に自分の左腕をビジャノⅢの左腕に引っかけてアームドラッグをやったのに、綺麗にバシッと受け身を取りましたから。

ビジャノⅢはトップ中のトップなんで、完全に右を取る昔のルチャのスタイルなんですけど、パパパッとああいう対応ができるのはさすがだと思いました。

ビジャノⅢは、僕がメキシコに行った時に凄まじい大スターだった。素晴らしいレスラーでしたね。

ルチャの試合の組み立てですけど、僕は最初の2〜3年はロックアップなんてしたことがないです。そういうのをする人がいなかったですから。ルチャって、その選手によって個性があるんですけど、何ていうか日本みたいに型はないんですよ。

メキシコでデビューして何年かして「ルチャ・リブレは、日本で言えば歌舞伎みたいなものなんだな」と思いました。

ルチャは、お客さんが盛り上げてナンボなんですね。お客さんも登場人物だと。中国の寸劇とも違うし、日本で言えば歌舞伎と吉本新喜劇を足して2で割ったような感じでしょうか。エンターテインメントのカルチャーですよ。

何て言うんですかね、世界中見てもルチャと同じようなものはどこでもやっていないですよね。だからこそ、メキシコのルチャ・リブレは2018年の7月にメキシコシティの無形文化遺産に登録されたんです。

いわば大衆芸能ですよ。格闘技ではないです。エル・サントが65歳のお爺さんになって

ルチャ・リブレにはロックアップから入るような決まった「型」がない

リングに上がるだけで、お客さんは総立ちになって、リスペクトを惜しまなかった。日本の皆さんには想像できないぐらいの国民的大スターでした。お客さんのレスラーに対するリスペクトの度合いが日本と違うんですよ。

「プロレスはガチ」から入ると駄目

浅井の特筆すべき点は、デビュー戦でいきなりセミファイナルをこなせたこと、そしてプロモーターにキャラクター付けされるのではなく、デビューの時点で忍者スタイルを自らプロデュースしたことだ。

80年代は日本人として初めてアメリカのアクション俳優スターとなったショー・コスギのニンジャ・シリーズの映画が人気を博していただけに、浅井の忍者スタイルはタイムリーだったと言える。ちなみに「メキシコで浅井嘉浩という元新日本の練習生がデビューした」というニュースが入ってきた当初、プロレス専門誌は「隠密戦士」というニックネームを付けて浅井を誌面に取り上げていた。

メキシコにはマーシャルアーツ・スタイルの赤いパンタロン風のタイツと、忍者スタイルの2つのコスチュームを持って行ったんです。

どっちにしようかなと迷っていたら、メインイベントに出場するビジャノVが控室にいて「絶対に忍者のコスチュームの方がいいよ」って言ってくれて、忍者スタイルで出ることに決めました。

忍者マスクを被って入場したら、お客さんはマスクマンが出てきたと思ったんでしょうね。試合前にパッと脱いで素顔になったら「何だ、マスクマンじゃないのか」と変な空気を感じました（笑）。

結局、赤いタイツは使わなかったんですけど、「アレッ、使わないの」って、知らないうちに佐野さんが穿くようになったんです。それをアレンジして、腿のサイドに青い逆三角のラインを入れた膝丈の赤いタイツが、のちに佐野さんの定番になりました。

忍者の発想ですか？　その辺が他の選手と違っていたと思うんです。昔から「この時は、こうした方がいい」とかセルフ・プロデュースができていたんだと思います。

僕の場合は日本の団体に入らなかったから、自分で考えるということが自然に身に付いていた。日本だと新弟子として団体に入ったら、組織の一員として役割を果たすしか方法がないじゃないですか。

昔は格闘技系に走る新日本系の選手が多かったですけど、当時の新日本の道場にいたら、先輩に「強さがすべてだ」と洗脳されてしまうというか。

それはプロレスラーとして大事なことだし、その当時としたら自分たちの団体の色を出していくために大切だったでしょう。でも、何もわからない若手にとっては自分自身で考える余裕もなければ、考えなくてもいいような環境だったと思うんですよね。

当時の選手には格闘技系の道に進みながらも、今では普通のプロレスで活躍している選手も少なくないですよね。そういう人たちは、かなり遠回りをしたと思います。

その遠回りがあったから、今の活躍があるのかもしれないけど、自分はすぐメキシコに行っちゃったから「プロレス・ビジネスはこうだ」って直観的に何となくわかりました。日本でデビューして2～3年してからメキシコに行っていたら、きっと頭が混乱しておかしくなっていたと思いますよ。

その当時、新日本の選手がメキシコ・マットで試合をしたら「何だ、これ⁉」って迷ったはずです。

昔の新日本はストロング・スタイル至上主義で「全日本は駄目なプロレスだ」っていう

ぐらい極端な価値観でした。実際に新日本のある先輩に「全日本はニセモノだ。こっちがホンモノだ」って言われたこともあります。UWFに至っては、その新日本を駄目だと言っていたぐらいですから。

だから新日本プロレスの道場にいる時はプロレスのことは何もわからなかった。メキシコに行ったら、まわりにいろいろヒントがあったんで、それをどうやって自分なりに解釈していくかにかかっている。その解釈ができた人間だけがバーッと上に行くことができるんですよ。

後年SWSに行って（ザ・グレート・）カブキさんと出会って、カブキさんは「アメリカのプロレスはこういうビジネスなんだよ」と、ちゃんと教えてくれたんです。

他のレスラーってそんなこと教えてくれなかったんですよ、誰も。ちゃんとした人がいて、きちんとした教え方をしてくれれば、いろいろわかってくると思うんです。

最初に偏った教えを受けると、なかなかそれを変えられない。時間がかかりますよ。「プロレスはガチだけ」というのから入ると駄目なんです。

「エンターティンメントとしてのプロレス」と「格闘技としてのプロレス」を同時に教えなければ、本当のプロレスはわからないと思います。ここにも小鉄さんからの教えが僕の

お手本はタイガーマスクだった

中で息づいているんです。

なぜメキシコで成功できたのか

浅井の活躍は目覚ましかった。デビュー3日後の5月16日にはUWAの総本山であるメキシコシティのエル・トレオ・デ・クアトロ・カミノスにラ・テルシア・オリエンタルとして初登場を果たした。

7月5日にはエル・トレオでトップ級のトリオだけしか参加できない『30万ペソ争奪トリオ・トーナメント』で流血させられながらもロス・ミショネロスにデビュー戦の雪辱を果たして優勝。その遺恨を引きずって翌週の7月12日のエル・トレオではミショネロスが保持するエル・トレオ認定トリオ王者に挑戦してドローになっている。

以後、ミショネロスと抗争を繰り返した。この抗争で浅井はルチャ・リブレ独特の動きや試合の流れ、ペース配分などを習得していった。

8月16日のエル・トレオでは初めてシングルでメインイベントに起用され、エル・ベジョ・グレコとのカベジュラ・コントラ・カベジュラ（敗者髪切りマッチ）に勝利。

87年8月26日、佐野&畑とメキシコ州トリオ王者を奪取

そして8月26日、メキシコシティ北西部のアレナ・ナウカルパンでラ・テルシア・オリエンタルはロス・テメラリオス（ブラック・テリー、シュー・エル・ゲレーロ、ホセ・ルイス・フェリシアーノ）からメキシコ州トリオ王座を奪取。

浅井はデビューわずか3ヵ月でチャンピオンベルトを腰に巻くことができたのだ。しかも浅井は自らゲレーロをジャパニーズ・レッグロール・クラッチで押さえて決勝フォールを奪ったのである。

87年暮れの12月13日にはエル・トレオでライ・リチャードのUWA世界ウェルター級王座に挑戦。2－1で敗れはしたが、フローレス死去によって、新たにUWA会長に就任した新日本プロレスの坂口征二副社長の前で好ファイトを展開した。

そして87年、年間最高話題賞、年間最優秀新人賞、年間最優秀外国人選手賞に選ばれ、エストレージャの仲間入りを果たした。

翌88年7月29日、闘牛場のエル・コルティホにおいて3度目の挑戦でリチャードからUWA世界ウェルター級王座を奪取。デビューから1年2ヵ月……日本人として初、UWA全階級を通じて史上最年少21歳の世界王者という快挙をやってのけた。

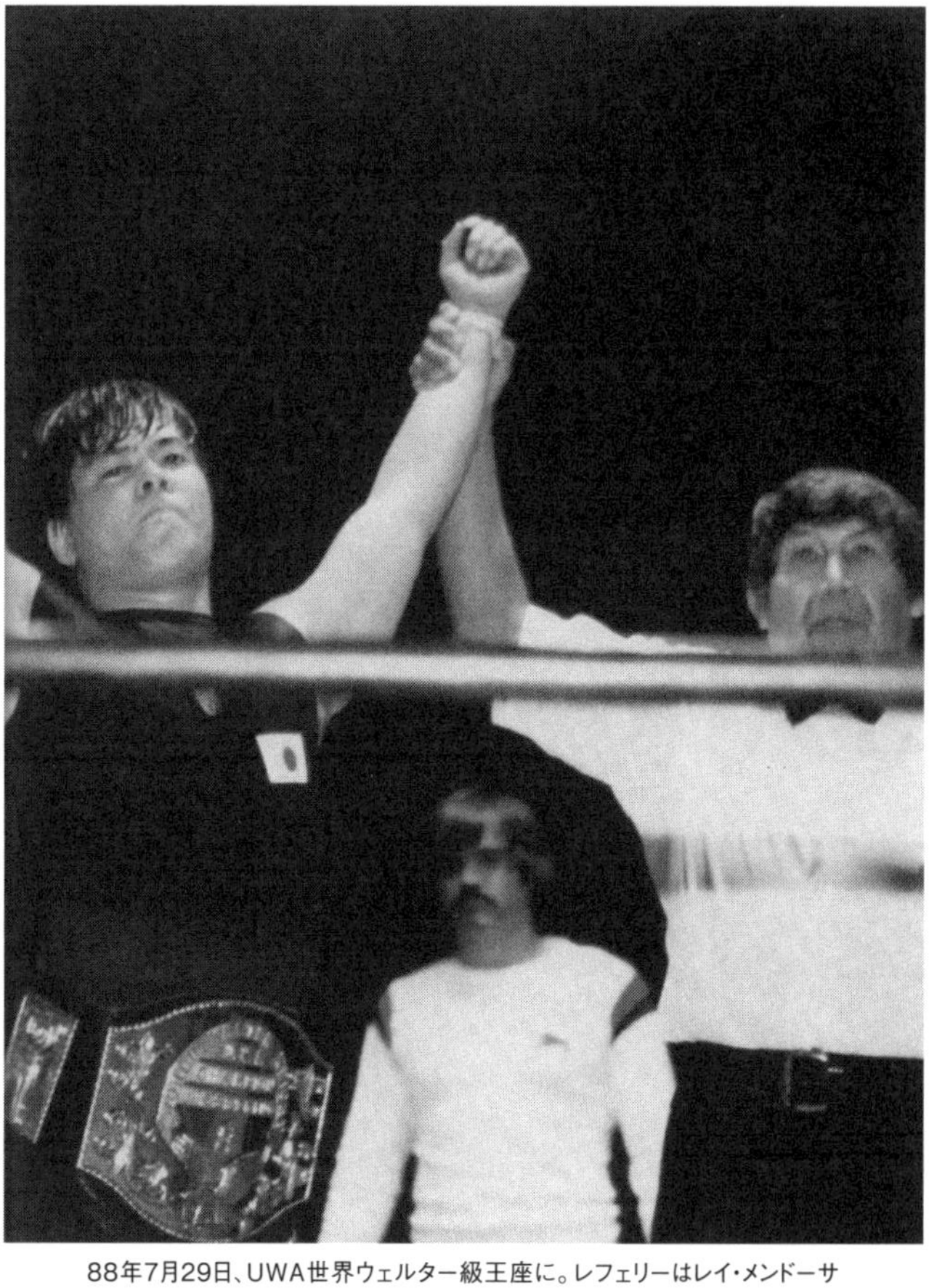

88年7月29日、UWA世界ウェルター級王座に。レフェリーはレイ・メンドーサ

僕がメキシコで成功したと言われるとしたら……メキシコの水が合ったんですよ。ただ、水道の水は合わなかった。しょっちゅう、下痢に悩まされたものです(苦笑)。僕は最初からずっとメキシコに永住するつもりで「これが自分のこれからの生き方だ!」と思ったから、まったく違和感がなかったし、若い時に行ったんで、すぐ現地に溶け込みました。すべてを受け入れられたんです。もう日本に帰らないつもりでしたよ。メキシコの地で世に出た自分にとって、日本に帰るという選択肢はありませんでした。

スペイン語もすぐに覚えたと思います。僕はもう、メキシコに着いて4日後か5日後には自分で探してジムに行ってましたから。地下鉄に乗って。

UWA世界ウェルター級は、ずっとブラックマンがチャンピオンだったんです。そのブラックマンに勝ったのがライ・リチャードだったんですけど、「次は誰?」となった時に、僕に白羽の矢が立ちました。

僕はその頃、ミドル級のチャンピオンになりたかったんです。サトル・サヤマもグラン浜田もミドル級の世界チャンピオン(佐山はNWA、浜田はUWA)になっていましたからね。

UWAのパンフレットに階級別のランキングがあって、僕もずっとミドル級に入ってい

珍しい空手着のコスチューム。左はWWEのレイ・ミステリオの叔父にあたるレイ・ミステリオ・シニア

たんです。メキシコのプロレス史上、ウェルター級に日本人選手はいなかったんですよ。

でも、ある時、マイネスさんに「君はウェルター級だからね」と言われて、当時の僕は85kgぐらいでミドル級の体重でした。「僕はミドル級がいいんですよ」と言ったら「いや、いいから君はウェルター級でやってくれ」と。

その時はマイネスさんの考えがわからなかったんですけど、ミドル級ではなく、ウェルター級でやったことはよかったんです。結果的にUWAで史上最年少、東洋人で初めてのウェルター級世界チャンピオンになれたわけですから。「ああ、そういうことか」と。

プロモーターは、その選手にとって何がベストかをちゃんと見ているんです。だからファンの時に思い描いていた理想と、実際にプロレスラーになってからのいいことが必ずしも一緒ではないことを理解しましたね。

振り返れば、あのタイトルマッチの時はコンディションが最悪だったんです。その3日前の試合中にクン・フーのプランチャを受けて肋骨を亀裂骨折していたんです。あまりにも痛くて「今日は試合ができません」って連絡したら「絶対に来なくては駄目だ」と言われて、痛み止めの注射を打って会場入りしたんです。

そうしたら、日本でも〝メキシコの鉄人〟と言われていたロス・ビジャーノスの父親で

浅井の代名詞「ラ・ケブラーダ」は帰国するまで日本で知られていなかった

もあるレジェンドのレイ・メンドーサさんがレフェリーをやってくださるということでビックリしました。

で、第1試合が始まった頃に僕とリチャードがメンドーサさんに呼ばれたんです。何かと思ったら、メキシコのルチャ・リブレの歴史の話を20分ぐらいしてくださって「今日は、昔みたいなクラシックな試合をやってくれ」と。僕とリチャードはハグして、健闘を誓い合いました。あれは感激でしたね。

いまだに憶えてるのは、リチャードに勝ってチャンピオンになった時、僕が外国人なのにお客さんがみんなで肩車してくれたことです。

チャンピオンのリチャードはルード（＝ヒール）でしたけど、メキシコ人じゃないですか。でもリチャードには大ブーイングで、外国人の僕が勝った瞬間のお客さんの熱狂度は凄かったですよ。

あの時に「メキシコに来るべくして来たんだな」と思いました。僕はメキシコのファンに心の底から受け入れられたんだなと。今でも思い出しますね。

人それぞれ、その人が光る場所というのがあるじゃないですか。僕の場合は、日本ではなくメキシコだったんだと実感しました。

実際、メキシコ生活は毎日楽しかったですよ。最初から年間400試合ぐらいありましたから。プロレスだけで飯が食えるし、お金も貯まっていくし、こんな夢みたいな生活していいのかなと思いました。

自分の好きなプロレスができて、控室に行けば、昔雑誌で見ていたレスラーが素顔でいて、普通に喋ってくれたり、帰りに車で送ってくれたり。もちろんレスラー同士で喧嘩になることはよくありますけどね。でも翌日には、皆ケロッとしていました。

アメリカに近い国境の町に遠征に行ったり、仕事でいろいろな土地に行ける。初めて飛行機で遠征に行った時も「わぁ、仕事で飛行機に乗れるんだ！」って思いましたね。

つらかったことなんて1回もないですよ。大体……有名なサッカー選手や野球選手って努力とかいう言葉に使わないと思うんです。

そういう人たちは元々、資質を持っているはずだし、練習することに対して努力っていう感覚を持っていないんじゃないですか。好きだからつらい練習をやっているんであって、努力とか忍耐とか言っている人は駄目なんです。

自分が楽しまないとお客さんも楽しませられないでしょ？「何か嫌だなあ」とか「しんどいなあ」とか、そんなレスラーの気持ちはお客さんにも伝わりますよね。

お客さんを楽しませるためには、最初にまず自分が楽しまないと。簡単な話ですよ。自分がプロでデビューするまでの紆余曲折のストーリーを話してきましたけど、苦労したとは一切思わなかったですね。楽しかったですよ。「どうやったら、夢を実現できるか」を考えるのは苦労ではないです。それは楽しいことに尽きます。

第4章

ジャパニーズ・ルチャ

危機管理能力が働いた選択

「新日本の元練習生がメキシコで世界チャンピオンになった」というニュースは日本にも伝わって〝隠密戦士〟浅井嘉浩はプロレスファン注目の男となり、専門誌のカラーグラビアにも大きく掲載されるようになった。

まるで無重力状態で繰り出しているかのような鮮やかなムーンサルト・アタックの写真に日本のファンは胸をときめかせたのである。

こうなると日本の団体が放っておくわけがない。最初に浅井にアプローチしたのは〝過激な仕掛け人〟新間寿氏、グラン浜田、大仁田厚の3人だ。

88年8月、大仁田厚がコーチ兼営業部員としてジャパン女子プロレスに入社。さらに2ヵ月後の10月、経営難に陥ったジャパン女子の持丸常吉社長に団体再建の相談を持ち掛けられた新間氏がジャパン女子の最高顧問に就任した。

新間氏は最高顧問就任発表があった88年10月28日の後楽園ホールで早くも仕掛けた。レフェリーの浜田の判定に大仁田がクレームを付けて2人が乱闘を始めると、すかさず「お前らがやりたんだったら、男のリングを用意するから、そこで思う存分やれ！」と宣言して、大仁田vs浜田の抗争の流れを作ったのである。

その裏には85年1月に全日本プロレスを引退した大仁田と、引退こそしていなかったが4年近く現役を離れてジャパン女子でレフェリーをしていた浜田を軸として、ジャパン女子内に新たに男子部門を作ろうという計画があったのだ。

しかし、物事はスムーズには進まなかった。11月7日のジャパン女子の後楽園ホール大会で女子選手たちが男子と同じリングに上がるのを拒否することをファンに訴え、12月3日の同所における男女混合興行のメインで行われた浜田と大仁田の一騎打ちは、女子ファンの野次と怒号に包まれてしまった。

これによって新間氏のジャパン女子の男子部門構想は頓挫、改めてジャパン女子とは分離した形での男子団体設立に動き出した。

そして12月11日のエル・トレオにおける『メヒコvsハポン』と銘打たれた大会に参加するデビル雅美、ミスA（ダイナマイト・関西）、ユウ山崎、ソチ浜田とともにジャパン女子の持丸社長、新間氏、浜田、大仁田がメキシコ入り。その際、浅井に新団体への参加を打診したのである。

その後、浜田は1度日本に戻り、家族を連れて12月23日にメキシコに舞い戻ると、新団体への参加、新団体に選手をブッキングする準備として現役復帰を果たした。

元号が昭和から平成に変わった89年、新間氏の新団体構想が遅々として進まない中で、大仁田は新間氏との友好関係を保ちながら、ＦＭＷ旗揚げを決意する。

大仁田は10月6日の露橋スポーツセンター、同月10日の後楽園ホールにおけるＦＭＷ旗揚げ2大会に浅井が参加することを発表。ポスターには写真も掲載されていた。

浅井は露橋でフロリダＰＷＦの元世界ジュニア・ヘビー級王者ジミー・バックランド、後楽園ではシュー・エル・ゲレーロとのシングルマッチが発表されたが、このＦＭＷ出場は幻に終わってしまう。

実は7月28日に全日空ホテルで行われたＦＭＷ設立会見で、大仁田が空手・誠心会館の青柳政司館長と乱闘して救急車で運ばれるという事件を起こしたことで、当初は全面協力を約束していた新間氏が「非常識極まりない！」とＦＭＷから撤退。新間氏とつながる浜田が浅井にストップをかけたのだ。

その後、12月1日には新日本プロレスの坂口征二副社長が「以前、ウチの練習生だったこともあり、カルロス・マイネスから〝彼は日本でファイトすることを望んでいるので、新日本で使ってもらえないか〟という話が持ち上がり、決定した」と、翌90年2月10日の東京ドームへの浅井の参加を発表。だが、これも流れてしまった。

この12月にはもうひとつ動きがあった。大仁田と袂を分かった新間氏の長男・寿恒氏が勤務している広告代理店の『オフィスK2』が90年3月1日と同月5日の後楽園ホールを押さえたことが判明したのだ。

寿恒氏は「兄弟のように付き合ってきたグラン浜田が上がれるリングが日本にない。浜田が自由に戦えるリングを作り、ルチャ・リブレの魅力をたっぷり観ていただきたい」とメキシコのルチャ・リブレを直輸入するイベントの開催を示唆したのである。

そして年明け90年1月17日、東京プリンスホテルで会長＝竹田勝司（ジャパン・プロレス会長）、副会長＝米口賢治（オフィスK2代表）、代表兼プロモーター＝新間寿恒、最高顧問＝大塚直樹（ジャパン・プロレス社長）、顧問＝猪崎恒雄（スポーツクラブ『エグザス』）という体制でユニバーサル・レスリング連盟の設立が発表された。

この会見にはメキシコから緊急帰国した浜田と浅井、FMWを離脱してユニバーサルに合流した秋吉昭二（現・邪道）、ブラック・アイドマン（現・外道）モンキーマジック・ワキタ（現スペル・デルフィン）の姿があった。

89年1月17日、ユニバーサル・レスリング同盟の設立会見（浅井は右から2番目）

ジャパン女子から分離独立した男子団体→FMW→新日本→ユニバーサルと翻弄された浅井……そこには、どんな事情があったのだろうか？

正直、自分の人生の中で一番戸惑った時期ですよ。「俺、日本でデビューできなくて、今メキシコで楽しくやっているのに、いまさら何だよ」って思いました。

別にメキシコでも仕事はたくさんあるし、最初は興味ありませんでした。どこの団体にも出ずに「いいや、このままで！」って。いろんな人から引き抜き合戦みたいになって「ああ、面倒臭い」と。

最初、88年の暮れに新間さん、浜田さん、大仁田さんが来て、みんなでいる時の大仁田さんは取っつきにくい感じでしたけど、そのあと2人でファミレスに行った時には凄くフレンドリーで、いろんな話をしてくれましたね。

それで始めは大仁田さんと浜田さんが一緒にやるものだと思っていたんで、参加を打診された時に「わかりました」と言ったんですけど、89年の夏ぐらいかな？　大仁田さんから連絡があって「とりあえず旗揚げ戦には浜田さんを呼ばないけど、次には呼ぶから」っていう言い方をしたんです。そうしたら浜田さんが僕のところに来て「いや、実は大仁田とは切れたから」と。

で、マイネスさんはマイネスさんで「新日本プロレスに行ったらどうか?」と勧めてきたし、それからなぜか喧嘩芸骨法からも声がかかって「日本にいた時に練習に1回行っただけなのに、何で俺が骨法なのかな?」って(笑)。

その頃、骨法は新しい団体を作る計画があったみたいですけど、僕は格闘技志向ではないから丁重にお断りしました。

新日本は、東京ドームでライガーさんとやるっていう話だったんですけど、その時にライガーとシングルを戦うだけの力がなかったし、自信もなかった。「行ったら、絶対に負けるな!」って。

だったら、その1回で終わりじゃないですか。だから僕の中では新日本という選択肢は最初からなかったです。ある種の危機管理能力が働きましたね。

そうした状況で、最後に浜田さんから「自分の人生だから好きにしていい。だけど俺もこれが最後のチャンスだから、俺に付いてきてほしいんだ」と言われて、その熱意に打たれてユニバーサルに参加することに決めました。

浜田さんに言われたこともそうですけど、一番大きかった要因はメキシコのレスラーみんなと日本に帰れるっていうことです。

自分がやっていることをそのままやればいいんだから、簡単じゃないですか。ユニバーサルは自分を一番発揮できる舞台だと思ったんです。

ユニバーサルへの参加を決めた89年11月の終わり頃に、ライガーさんが3週間の予定でメキシコに遠征してきたんです。

ライガーさんも僕を東京ドームに参加させたかったようですけど「お前はお前のやりたいようにやればいいんだよ。俺たちはまだ若いし、いつか日本でやれる日がくるかもしれない。日本で無理だったらメキシコでも戦えるし。旗揚げの日は応援に行くから」と言ってくれました。

ライガーさんは、僕が新日本プロレスの道場に通っていた時代からお世話になった先輩。だからメキシコ滞在中は一緒に行動させてもらいました。

僕のマンションに泊まってもらって寝食を共にしたし、一緒にマスク屋さん巡りもしました。日本の事情も聞かせてもらい、僕も自分の心の内を包み隠さず話しました。

その頃、ユニバーサルの設立記者会見で日本に帰ることが決まっていて緊張していたんですけど、ライガーさんの存在が僕をリラックスさせてくれました。

90年3月1日、後楽園ホールでの旗揚げ戦で挨拶する新間寿氏(浅井は右から3番目)

浜田さんの言葉にはいつもヒントが

1990年3月1日、ユニバーサル・レスリング連盟（通称ユニバ）の旗揚げ戦には本場メキシコ直輸入のルチャ・リブレを観ようと2300人（超満員＝主催者発表）のファンが詰めかけ、マスクなどのグッズ売り場も大盛況になった。

メキシコからの参加メンバーはエースのグラン浜田、浅井嘉浩、浜田のライバルのペロ・アグアヨ、浅井のライバルのネグロ・カサス、日本で人気が高いリスマルク、ブラックマン、浅井がメキシコで初めて佐野直喜&畑浩和とのラ・テルシア・オリエンタルでメキシコ州トリオ王座を奪取した時の相手ロス・テメラリオス（ブラック・テリー、シュー・エル・ゲレーロ、ホセ・ルイス・フェリシアーノ）、初来日のスペル・アストロ、ケンドー、エスパントJr.、女子レスラーとして浜田の愛娘のソチ浜田という錚々たる顔触れになった。

これに日本陣営としてワキタ、秋吉、アイドマン、ユニバ旗揚げ戦がデビュー戦となった村川政憲（現グレート・サスケ）。さらに全日本女子プロレスからバイソン木村、グリズリー岩本、高橋美華、アジャ宍戸（現アジャ・コング）、前田薫（現KAORU）が大会ごとにメンバーを変えて華を添えた。

メキシコからルチャを直輸入した団体だったのに、日本人の所属選手がルチャができなかったんですよ。今の邪道&外道にしてもデビューして間もなくで、ルチャ・リブレの経験どころか、プロレスができなくても当然のことでした。

第1試合（秋吉vsアイドマン）なんかが凄く平凡な試合だったんです。客席がシーンとしていた。そうしたらレフェリーのウォーリー山口さんが、めちゃくちゃカウントを早く叩いて、それに対してお客さんがワーッと凄く笑ったんです。

その時に「何だ、このオープニングマッチは!?」と思って渋い顔していたら、浜田さんが僕のところに来て「お前、今の何かわかるか?」と聞いてきたんです。

「いや、わかんないです」って答えたら「試合がつまんなかっただろ? だからレフェリーが早くカウントを数えて、お客さんを沸かしたんだ」と。それを聞いて「なるほどな」と。

浜田さんはこういうことも言ったんです。「なあ浅井、ああいう試合があれば俺たちの試合が目立つからいいんだよ」って。

僕が「一括りで同じように見られるのは嫌だ」と思っていたら、浜田さんは「そうじゃない。あいつらがつまらない試合をすれば、俺たちの試合は沸くだろ」と考えていた。

メキシコに行く前、ジャパン女子の道場に教わりに行った時に「日本で練習なんてしなくていいよ」って言われてパチンコ店に連れて行かれて「何で練習やらないのかな?」って、モヤモヤした記憶がありましたけど、浜田さんの仰る通りなんですよ。日本でいくら練習をやっても身につかないですよ。試合に勝る経験なし。それは、あとになって思ったことですけどね。

浜田さんの話を聞いていると、その後ろにはいつもプロレスのビジネスのヒントが隠れていましたね。浜田さんのプロレスは凄く勉強になりました。

ジャパニーズ・ルチャの根源

旗揚げ戦の浅井の試合は、アストロ&ケンドーとトリオを結成してカサス&エスパントJr.&ゲレーロとの6人タッグ。セミファイナルに組まれた。

浅井の日本デビューは衝撃的だった。セカンドロープに飛び乗ってムーンサルトで相手

凱旋帰国した浅井のプロレスにファンが歓喜した

にアタックするブファドーラ、当時ブームを起こしていたＵＷＦのテイストも意識したサブミッションの回転式の腕ひしぎ十字固め、打撃技のフライング・ニールキック、そして日本のファンを虜にしたのが、場外の相手にセカンドロープから後方に大回転して相手を直撃する日本初公開の空中殺法ラ・ケブラーダだ。

ラ・ケブラーダはアカプルコの観光名所の崖の名前で、50ｍの断崖から海に飛び込むショーをイメージした技。ブファドーラはメキシコのバハ・カリフォルニア州のエンセナーダにある岬の名前。こちらはブファドーラ岬から飛び込むショーのイメージである。

試合は両軍リングアウトになったが、延長戦が行われ、最後はこれも日本初公開となるアステカ・スープレックス・ホールド（相手の両腕をクロスしてのジャーマン・スープレックス・ホールド）でエスパントJr.をフォール。試合後には宿敵カサスと殴り合いを展開して、喧嘩ファイトにも強い一面を見せた。

試合後にマイクアピールするカサスに対して、普通なら流暢なスペイン語で返してメキシコ帰りをアピールするところだろうが「馬鹿野郎、ここは日本だ！　日本語で喋れ！」とやり返したのは浅井の感性である。

浅井のファイトは、華麗でも凄さ、強さ、説得力に欠けるところがあるルチャ・リブレではなく、そこにUWF的な匂いも感じさせる打・投・極（打撃技、投げ技のスープレックス、極めるサブミッション）、バチバチやり合う日本流ストロング・スタイルを加味した独自のスタイルだった。

そう、この浅井のファイトが80年代のジュニア・ヘビー級戦士たちに多大な影響を与えたメキシコとは違うジャパニーズ・ルチャの原点になったのだ。

旗揚げ戦のメインは浜田&リスマルクvsアグアヨ&フェリシアーノだったが、主役は完全に浅井だった。この日、23歳の新たなヒーローが誕生したのである。

ルイス・ミゲールが歌う入場テーマ曲『セパラードス』も話題となり、31年が経った今もウルティモ・ドラゴンはこの曲を使っている。


多分、自分の記憶では、メキシコでやっている、まったくそのままをやったら駄目だと思ったんです。だからちょっと日本向けにしました。

タッグを組んだケンドーがメキシコと同じようにやったらウケましたよね。ケンドーはやってもいいんですよ。でも僕があんな感じでやったら「日本人なのにふざけてるのか⁉」となりかねない。

試合後、浅井はカサスのスペイン語の挑発に「馬鹿野郎、ここは日本だ!　日本語で喋れ!」と日本語で応戦

ケンドーは陽気で面白いルチャドールだけど、僕は日本人だし、マスクも被ってないし、シリアスに行こうと思ったんです。

最後は関節技かスープレックスで決めるようにして、試合の中でルチャ・リブレの面白い動きが見せられたらいいかなと。

簡単に言えば、高3の時に上京して観たUWFの『無限大記念日』でザ・タイガーがやっていたような試合がしたかったんです。

要はその時にファンに一番受け入れてもらえる試合を考えていました。ルチャの華麗さを持ちつつ、格闘技的な要素を加味したザ・タイガーみたいな試合を目指した。これがスーパー・タイガーの試合スタイルだと、ちょっと違うんですよ。

ザ・タイガーをイメージした浅井嘉浩のファイト・スタイルがジャパニーズ・ルチャの原点だとすると、そのルーツはタイガーマスクになる。結局、日本のジュニア・ヘビー級のプロレスは、突き詰めるとタイガーマスクにたどり着くのだ。やはり佐山聡のタイガーマスクはレジェンドと言っていいだろう。

空中殺法は自己流です。ブファドーラはメキシコでも使ってましたけど、ケブラーダはメキシコではほとんどやってないです。日本用の技です。でも、これも僕のオリジナルではなく、メキシコでやっていた人はいると思います。

ケブラーダもブファドーラも僕が名前を付けたわけじゃないですよ。当時の週刊ゴングの編集長だった清水勉さん……ルチャ・リブレに詳しいドクトル・ルチャの清水さんが付けたんですよ（笑）。

メキシコでのフィニッシュはウラカン・ラナとか。そういうのが沸くんです。あと清水さん的に言えばブファドーラもフィニッシュに使ってました。タイトルマッチではスモール・パッケージ・ホールドとかで勝っていたと思います。

旗揚げ戦のフィニッシュのアステカ・スープレックスは……あれも日本用ですね。メキシコでもスープレックスは使っていたけど、アステカはやってないです。メキシコのマットは硬くて危ないですから。

今も使っている入場テーマ曲の『セパラードス』は、メキシコに行った翌年ぐらいに流行っていたんです。当時、付き合っていた彼女がルイス・ミゲールのファンで、車の中で聞いていて、イントロがマスカラスの『スカイハイ』みたいだから、これは入場曲にいい

フィニッシュは日本初公開のアステカ・スープレックス・ホールド

なって。プロレスファンはああいうのが好きじゃないですか（笑）。それに『スカイハイ』も『セパラードス』も失恋の歌。同じですよ（笑）。

ユニバーサルからの離脱

3月5日にユニバの旗揚げシリーズが終了すると、浅井は再びメキシコでの活動を開始。4月6日にエル・コルティホでエル・クチージョからUWA世界ミドル級王座を奪取して、世界ウェルター級に続いてUWA2階級制覇を成し遂げた。

この王座は5月21日にアレナ・プエブラで奪回されて45日天下に終わってしまったが、6月1日から同月7日のユニバのシリーズ第2弾では、この2人の抗争がメインになり、6月4日の後楽園ホールで浅井が王座奪回に成功。最終戦の6月7日、後楽園ホールではライバルのネグロ・カサスの挑戦を退けて初防衛に成功した。

シリーズ第2弾の4戦はすべて浅井がメインイベントに出場。浜田に代わって事実上のユニバのエースに躍り出た。

浅井の快進撃は続く。90年最後のシリーズ第3弾最終戦の11月17日の後楽園ホールにお

90年11月17日、バトルロイヤルながら師匠・浜田に勝利。事実上のエースとなったが…

ける時間差バトルロイヤルでは浅井と浜田の2人が最後に残り、浅井が師匠・浜田をジャーマン・スープレックス・ホールドで仕留めたのである。

しかし91年に入ると浅井とユニバの間に不穏な空気が漂い始める。

91年初の3月シリーズで浅井が「こんな所でやってられないですよ。これで即、離脱とか移籍とかじゃなくて、この会社がよくなってくれればいい、選手の待遇とか……。ルチャも世代交代の時期なんですよ。ベテランを重視したマッチメークじゃなく、若い層が伸び伸びできればいいと思うんです。名前だけの選手じゃなくて、若くていい選手がたくさんいるんです。まだ来てない、いい選手がいるんです」と、団体の方針への不満をぶちまけたのだ。

6月シリーズではベスティア・サルバへというネグロ・カサスに代わる新たなライバルが出現してモチベーションを持ち直したが、9月シリーズ最終戦の12日、後楽園ホールで忍者スタイルを捨てて黒のショートタイツでファイト。

試合後、ファンの声援に応えて手を振る浅井の目には光るものがあった。そして、これが所属選手としての最後のユニバ出場となってしまった。

何か、いろんなことに限界を感じていたんです。あの団体には「この先に何かある」っていう未来が見えなかったですね。

自分のルチャ・リブレにも限界を感じていたし。これからステップアップするために、次のステージが必要だと思っていたんです。

もちろん僕を日本に紹介してくれるきっかけを作ってくれたということに関しては凄く感謝しています。今振り返っても僕のプロレス人生において財産でもあるんですけど、あの時はもう限界でした。

第5章
究極龍とSWS

UWAからEMLLへ

1991年、浅井嘉浩を取り巻く環境が変わった。日本ではユニバーサル・レスリング連盟（通称ユニバ）での活動に限界を感じていたが、主戦場のメキシコでも浅井が所属するUWAとライバル団体のEMLLのパワーバランスが変わったのである。

それまではEMLLから独立したUWAが、EMLLのスペル・エストレージャをごっそりと引き抜き、さらには新日本プロレス、WWE（当時はWWF）との提携で国際化も図って優位に立っていたが、EMLLが前年90年2月9日のアレナ・コリセオ大会から中南米最大のテレビ局テレビサで放映をスタートさせると、爆発的なルチャ・リブレのブームが生まれた。

メキシコでは50年12月にメキシコで開局したテレビ・セントロで試験的にルチャが放映されたが、子供の教育上よくないという世論が高まって3年で中止に。以来、メキシコ国内では35年間、ルチャのテレビ放映は禁止されていたのである。

テレビ放映開始からUWAとの力関係を大きく逆転させたEMLLにはUWAのスペ

ル・エストレージャたちの移籍が相次いだ。

それに加えて企画プロデューサーのアントニオ・ペーニャの力も大きかった。ペーニャはオクタゴン、マスカラ・サグラダ、エル・ボラドール、ミステリオッソなど、若い新キャラクターの選手を次々に生み出し、いずれも超人気者に育て上げた。

浅井をヘッドハンティングしたのもペーニャ。ウルティモ・ドラゴンはペーニャの「WWFのリッキー・スティムボートをヒントにしたオリエンタル調のマスクマン」というアイデアから生まれたもので、しかも国民的アイドルになったオクタゴンのパートナーに起用するという破格の扱いだった。

浅井はユニバの9月シリーズを終えてメキシコに戻った直後の9月30日、EMLLと3年契約を結び、10月18日にEMLLの総本山アレナ・メヒコでマスクマンのウルティモ・ドラゴンに変身することが決定した。

あの頃、UWAからEMLLに選手がボンボン移籍していって、もう下り坂だっていうのはわかっていたから「ああ、これは自分が辞めたら駄目だ」と思いましたけど、状況を変えていかないと、このまま自分も潰れてしまうと思ってカルロス・マイネスさんに話をしたんです。そうしたら、やっぱり「行かないでくれ」と慰留されました。

でもEMLLのプロデューサーのペーニャさんに何度もアプローチされて、最終的に「お前はオクタゴンのパートナーに抜擢する」と言われたんです。

当時のオクタゴンは超スーパースターで、そのパートナーになるっていうことは、当時のWWFに例えるなら、ハルク・ホーガンとアルティメット・ウォリアーの関係みたいなものだから「えっ、ウソだろ?」って、思わず聞き返しましたよ。それくらい破格の条件だったんです。

それで僕が「マスクを被るなら、タイガーマスクをやりたいんですけど」って言ったら「タイガーマスクもいいけど、こっちの方がいいよ」と提案されたのがウルティモ・ドラゴンでした。

「タイガー・タイプのマスクマンはメキシコにもフェリーノやオホ・デ・ティグレなど、いろいろいる。それにメキシコ人が抱くオリエンタルなイメージは、虎よりも龍の方が強い。だからタイガーマスクよりもドラゴンをイメージしたキャラクターにすべきだと思っている」というのがペーニャさんの考えでした。

最終的には「UWAに残っても、このまま状況は変わらないだろうな」と思って、移籍

オクタゴンの友人でブルース・リー最後の弟子という設定でウルティモ・ドラゴンに変身

してウルティモ・ドラゴンという新キャラクターに変身することを決意しました。

僕がメキシコでプロレスをする扉を開けてくれたマイネスさんと離れることは、人生で一番つらい決断でした。マイネスさんは「君の人生だから好きにした方がいい」と理解してくれたものの、この時期はつらいことが重なり苦しい時期でした。でも人生において、次のステージに進むためには、選ばなければならないこともあるんです。

SWS移籍の真意

ＥＭＬＬとの契約から1週間後の10月7日、浅井のＳＷＳ登場が電撃的に決まった。ＳＷＳのブッカーのザ・グレート・カブキがアレナ・メヒコのＥＭＬＬ事務所を訪れ、ＥＭＬＬとＳＷＳの業務提携が取り交わされたのである。

前年90年11月と91年の8月には、ＳＷＳ所属のケンドー・ナガサキがＥＭＬＬに登場しているし、1月にはアトランティス、2月にはエル・ダンディがＳＷＳに来日していたが、これは個人レベルのブッキングで、団体間に正式な国交はなかった。

この業務提携によってＥＭＬＬと3年契約を結んだ浅井ことウルティモ・ドラゴンは、日本でファイトする団体は必然的にSWSになったわけだ。

だが、これはあくまでも建前の話で、浅井は不満を爆発させた3月シリーズ直後にSWSにアプローチしていた。

今だから書けるが、これには筆者（小佐野）も関係していた。当時、筆者は週刊ゴングのSWS担当記者で、天龍源一郎、北尾光司が出場する3月24日のロサンゼルス・メモリアル・スポーツ・アリーナにおける『レッスルマニアⅢ』を現地取材することになっていた。

3月14日にユニバのシリーズを終えた浅井は、ロスで『レッスルマニアⅢ』を観戦してからメキシコに戻る計画を立てていて「ロスで天龍さんと会う機会を作ってください」と頼まれたのだ。天龍と浅井の会談は、他の記者たちには知られないようにハイアット・リージェンシーの天龍の部屋で行われた。


ユニバーサルを離れようと思った時に「俺に足りないものは何か？」と自問自答してみたら、前座の経験がなかった。そこでイチからプロレスを学ぶにはどうしたらいいかを考えて、日本のプロレス団体に所属することがいいと思ったんです。ただ、新日本プロレスという選択肢はなかったです。僕は山本小鉄さんの内弟子になりましたけど、最初から新日本とは相性が悪い人間だというのは自分でわかっていたんです。

野球でもジャイアンツだと成績が悪いのに、他の球団に移籍した途端に大活躍するような選手がいるじゃないですか。だから「新日本以外」というのは、僕の勘が働いたんだと思います。

SWSに興味を持ったのは、天龍さん、カブキさんという日本スタイル、アメリカン・スタイルのトップ選手がいることと、WWE（当時はWWF）と提携しているのを見て「ここにいれば、こういう人たちと仕事できるんだ。仕事の幅が広がるな」と思ったから。あとは新日本、全日本だと団体の歴史と伝統があるから、そこにポーンと入っていくのは結構大変じゃないですか。でも、できたばかりのSWSだったら中が固まっていないだろうし、自分の居場所を見つけやすいと考えたんです。

初めてお会いした天龍さんはデカくてカッコよかったですね。「小佐野に聞いてるから、まあ座れ」って言われて、いきなり500ドルをいただいたんですよ。「悪いな。遠征中だから、あまり持ち合わせがないから」と言われてビックリしました。

「お前、ビール飲むか？」って言われて英語でルームサービスを注文するのを見て、またまたカッコいいなって。そうしたらいきなり10本ぐらいビールが運ばれてきました（笑）。

でも緊張していて、どんな話をしたかはほとんど憶えていないです。ただ天龍さんに会って「ああ、これがプロレスラーだ」と思いましたね。SWSに行きたいという気持ちはしっかりと伝えました。

天龍さんにお会いした後、『レッスルマニアⅢ』をナマで観て「スゲーな、これが世界で一番の団体なんだ！」と思いましたけど、あの時点では、さすがに自分がアメリカでプロレスをするというのは想像つかなかったですね。

その後、メキシコでUWAからEMLLに移って……EMLLとSWSが業務提携したことで僕がSWSに上がるという流れができましたけど、あれは僕がSWSに行く際に、角が立たないようにカブキさんがわざわざメキシコまで来てくれたんです。

当時のSWSはバッシングされていて「浅井を金で引き抜いた」ってことになるだろうから、団体間の業務提携によってSWSに参加するということにした方が、世間的にイメージがいいだろうってことです。

最初の給料は物凄く安かったんですよ。天龍さんに「お前が最初から凄い給料をもらったら、世間からバッシングを受けるだろうし、その前に仲間も納得しないだろう。だから

91年10月7日、EMLLとSWSの業務提携により浅井のSWS登場が決定(右はザ・グレート・カブキ)

最初はこの額でやってくれ。実際にお前の活躍見たら誰も何も言わないだろう。だからとりあえずは、最初はこれでやってくれ」とハッキリ言われました。これは天龍さん一流の配慮で、リーダーとしてとても素晴らしいと思いました。

ウルティモ・ドラゴンというキャラ

「ブルース・リー存命中の最後の愛弟子で、日本人の父を持つオクタゴンの友人として日本からやってきた」という設定で誕生したウルティモ・ドラゴンは91年10月18日、アレナ・メヒコに登場した。日本では〝究極龍〟と称されるウルティモ・ドラゴンだが、ウルティモはスペイン語では「究極」というよりも「最後の」という意味に近い。つまり、ブルース・リーの最後の愛弟子「最後のドラゴン」という意味になる。

この日、ウルティモはオクタゴン、エル・イホ・デル・サントとのトリオでデビューするはずだったが、外国人就労ビザF3の受け入れ先がUWAのままになっていたためにEMLLで試合をすると違法ということで、試合はせずにお披露目だけに終わった。

その後、EMLLとSWSの提携ルートで10月29日の博多スターレーンで素顔の浅井嘉

SWS初登場は福岡でのサルバヘ戦。アステカ・スープレックスで初陣を飾った

浩としてSWSに初登場。ユニバでライバル関係になったベスティア・サルバへ相手にアステカ・スープレックスで初陣を飾った。

その後、SWSで素顔の浅井として3試合をこなし、11月7日には後楽園ホールのユニバの興行にけじめの出場。これは天龍とユニバの新間寿恒代表の父・新間寿の会談によって決まったもので、ケンドーと組んでスコルピオJr.&エミリオ・チャレスJr.に快勝した。

ウルティモ・ドラゴンのEMLL正式デビューは日本からメキシコに戻った直後の11月12日のプエブラ州サンマルティン。SWSではEMLL代表として12月12日の東京ドームでウルティモ・ドラゴンを初披露している。

記念すべきウルティモの日本デビュー戦は格上のCMLL世界ライト・ヘビー級王者ジェリー・エストラーダとのノンタイトル戦で、初公開のマヤ・スープレックス（ジャーマン・スープレックスから後方に1回転してジャパニーズ・レッグロール・クラッチ・ホールド）で快勝した。

プロレスでは喜怒哀楽を観客に伝える表情は大事。しかしマスクを被るとその表情が見えなくなってしまう。浅井はマスクマンに変身するにあたって、ファイト・スタイルをどう変えたのだろうか？ そして「龍のマスク」にどんな思いを持っていたのだろうか？

実は日本ではタイガーマスクになりたかったんですよ。メキシコではウルティモ・ドラゴン、日本ではタイガーマスクっていうのを考えていて、天龍さんは「わかった。ウチの会社で権利は何とかするよ」と言ってくれたんです。

でもカブキさんは「タイガーマスクもいいけど、タイガーマスクになったとして、有名になればなるほど、自分の商売にならないから、自分自身のキャラクターを作り上げた方が絶対にいい。浅井が子供の頃から憧れていたのはわかるけど、ビジネスとして考えたら、こっち（ウルティモ）の方がいいよ」ともアドバイスされました。

ウルティモ・ドラゴンとしては、東京ドームで初めて試合をしましたけど、試合後には「今後、マスクを被っていくかは、まだ決めていません」とコメントしているはずです。

メキシコではいいにしても、日本では素顔の浅井嘉浩でそこそこネームバリューが上がっていたし、マスクで表情が隠れてしまうから、やりづらかったし。日本でマスクマンになることを躊躇していました。

カブキさんの「自分自身のキャラクターを作り上げた方がいい」っていうアドバイスがなかったら、日本でのウルティモ・ドラゴンは、あの1回だけだったかもしれません。

91年12月12日、東京ドームにウルティモ・ドラゴンとして登場。ド派手なコスチュームはマスカラスを彷彿とさせた

正直言ってマスクのデザインも好きじゃなかったんですよ。龍っていうよりもトカゲみたいじゃないですか（苦笑）。ずっと嫌でしたよ。アメリカのＷＣＷに出ている時も嫌でした。

ウルティモ・ドラゴンのキャラクターというのは、何だかずっと好きじゃなかったんです。佐山（聡）先生がタイガーマスクになる時に初めてマスクを見て「俺、こんなの被るの？」ってガクッときたって言ってましたけど「ああ、こういうことかな」と思いました。自分自身の理想とファンの理想は違うじゃないですか。だから「こんなのかよ。嫌だな」っていうのが正直な気持ちでしたね。

ずっと好きじゃなかったですけど、ＷＣＷでやっていた時に左肘を怪我して、しばらくしてから愛着が湧いてきた感じです。左肘を怪我するまでは、ウルティモ・ドラゴンに対する思い入れはまったくありませんでした。

ウルティモ・ドラゴンの根っこは、やっぱり佐山先生のタイガーマスクの影響を受けていると思うし、あとはミル・マスカラスじゃないですかね。

「今日は何色のマスクでいこうか……今日は青ラメだ！」と考えるのは、子供の頃にマスカラスがどんなマスクを被ってくるのかワクワクした記憶があるから。そこに様々な経験で培ったものを自分なりにブレンドしたのが最終的なウルティモ・ドラゴンの形です。

僕はタイガーマスクが好きだからってタイガーマスクにはなれない。じゃあ、どうしてきたかといったら、いろいろな人たちから影響を受けて、いいところを盗んで、ブレンドして自分のスタイルを作ってきました。

あと大事だと思っているのは、自分がいかに自信を持ってやるかということですね。自分のことを素晴らしいと思えない人が、人に夢を売ることはできないでしょ？

プロレスラーにとって一番大切なことは、常にファンに夢を見てもらうことだと思うんですよ。カッコよくないと、人の夢にはならないですからね。

自分が常に最高だと思ってリングに上がる。お客さんって非日常というか、自分ができないことをレスラーに代わりにやってもらいたいという願望があると思うんです。

だから常にコンディションを整えて、最高の状態でリングに上がる。毎日ベストにするのはできないにしても、最高でいることを心掛けていますね。

天龍さんとカブキさんの影響

SWSに行って、僕はメガネスーパーの田中八郎会長に凄く可愛がられました。田中会長は、ある意味でプロレスラーより強い人でしたね。本当にハートの強い人で、真っ直ぐでした。あれほどプロレス界に投資してくれた人をバッシングするなんて、当時の週刊プロレスの姿勢はいまだに納得できません。

会長の奥さん（由子夫人）も早くから会場に行って、率先してイスの席番を貼ったり、ゴミを片付けたりとかの下働きをして、社員や若手レスラーの面倒を見る素晴らしい人だったし、息子の邦興さんもプロレスが大好きな好青年でした。

SWSは、その前にいたユニバーサルとはすべてが違うんですよ。移動から選手の待遇とか。何か、あの時初めて「俺は日本でプロレスラーになったんだな！」と思いました。

SWSに行った時、僕は「日本スタイルのプロレス、アメリカン・スタイルのプロレスをちゃんと覚えなければ」という自らに課した課題もあったので、無我夢中で必死にプロレスに没頭しました。天龍さんの下で、世界中から来ていたトップレスラーの人たちと仕

SWSでヘビー級のド迫力を目の当たりにした

事ができたのは、本当にいい経験でした。

天龍源一郎vs阿修羅・原をリングサイドで観ることができたのも大きかったです。今、あいうプロレスができる人たちってどこにもいない。あれは本当に日本のスタイルとして最高の試合でしたね。

時代も変わっているし、スタイルも変わっているから、今と比べるのは難しいんですけど、今の若い選手たちってヘビー級が軽量級の試合をやっているじゃないですか。それと比べて、昔のヘビー級のインパクトの凄さは半端なかった。

天龍さんのタックルで原さんがバシーンとバンプ取った時のインパクトは凄かったですね。最初、あれに一番ビックリしました。

で、わかりやすいじゃないですか。そんなに難しい技は使わないけど、チョップひとつだけでもお客さんを唸らせるのには衝撃を受けました。

あれを間近で観て、自分の中である程度覚えて、自分自身はできなくても、闘龍門という学校を作った時に生徒たちに「こういうプロレスもあるんだよ」と教えるのに役に立ちましたね。

SWSでは天龍さんから「どうやったらプロレスラーはカッコつけられるか」を学びま

カブキのアドバイスでプロレス・ビジネスを学んだ

SWSの最終シリーズはカブキとの直接対決も実現した

した。天龍さんは言葉で教えるのではなく、背中を見せて学ばせてくれる人でしたね。あいうカッコいい人ってなかなか出てこない。

そしてプロレス・ビジネスで一番大きな影響を受けたのはカブキさんです。印象に残っているのは、毎試合、ケブラーダで場外に飛んでいて、いつも足首を痛めていた時に言われた言葉です。

「やらなくていいよ。いつもやっていると、絶対にそれをやらないといけないようなキャラになるから、やるふりだけすればいいんだよ」って言われたんですよ。だから今の僕はやらないでしょ？

僕がケブラーダをやるっていうことをお客さんが認識していれば、その態勢に入っただけでお客さんは沸くし、そこでやらなかったとしても「ああ、今日はやらなかったんだな」ってなるじゃないですか。

カブキさんもアメリカで毎回毒霧を噴いていたわけではないそうです。そういうようなプロレスのサイコロジーをカブキさんから学ばせてもらいました。

今のキャリアになって思うんですけど、一番大切なのは「どこで、どういう人と仕事をしたか」なんですよ。ＳＷＳ、その後のＷＡＲで天龍さんとカブキさんにちょっとでも付いていたから多大な影響を受けていますね。

人間は誰でも先人の影響を受けて今の自分があると思うんです。だから感謝を忘れちゃいけないですね。

アメリカのＷＣＷではエリック・ビショフさん、ケビン・サリバンさんに凄く世話になりました。向こうは世話したなんて思っていないかもしれないけど、僕は凄く感謝していますし、みんなカッコよかったですよ。

僕の場合は、世界中いろんなところで仕事をして、いろいろな人と関わってきてるじゃないですか。それが大きな財産です。

第6章

WAR、新日本での闘い

SWS分裂騒動での立ち位置

ＳＷＳは天龍源一郎率いるレボリューション、ジョージ高野率いるパライストラ、将軍ＫＹワカマツ率いる道場・檄（ウルティモ・ドラゴンがＳＷＳに参加した91年11月時点では谷津嘉章が道場主に）の３つの部屋（道場）が独立し、対抗していくというシステムで、ウルティモはレボリューション所属だった。

しかし、その部屋別制度は派閥の温床となり、92年5月14日に選手会長兼『道場　檄』道場主の谷津が天龍体制への不満から選手会長辞任と退団を表明したことで、天龍派（レボリューション）と反天龍派（パライストラ＆檄連合軍）の派閥争いが表面化。

そして６月シリーズ『宣戦布告92』最終戦の６月19日、長崎国際体育館においてＳＷＳは終焉を迎えた。このラストマッチでウルティモは天龍＆阿修羅・原とトリオを結成してカブキ＆キング・ハク＆ジェリー・エストラーダに勝利し、その後は天龍派が旗揚げするＷＡＲに参戦することを選択した。

SWSの選手の人たちは、新日本育ちの人と全日本育ちの人の仲が悪かったんです。でも僕から言わせてもらえば、新日本にも猪木さんや藤波さんのようにちゃんとプロレスを考えられる人がいたけど、SWSに来た新日本育ちの人たちはその辺のことをわからないでやっている人が多かったと思います。

あの分裂騒動の時はパライストラ、檄の人たちが「レボリューションとはプロレスのスタイル、考え方が違うから、一緒にはできない」とか言い出したんですよ。

あるパライストラの人から「浅井、お前もそろそろ覚悟を決めないと」とかって言われました。僕の場合はパライストラ所属だった佐野（直喜）さん、片山（明）さん、大矢（健一＝現・剛功）さんとは新日本の道場に通っていた時からの仲で、レボリューション所属でしたけど、対戦するのはほとんどメキシコの選手だったから、僕は派閥とは関係なく常にニュートラルな立場でしたからね。

普通に考えたら、SWSという団体は天龍源一郎を看板にしてやっていたじゃないですか。じゃあバラバラになって興行なんて打てるわけがない。誰だってわかるんですよ、そんなこと。

最後のシリーズはレボリューションとWWE（当時はWWF）、EMLLが絡むマッチメ

龍原砲とのトリオもSWS崩壊前の最終シリーズで実現

ークと、パライストラ&橅が絡むマッチメークに完全に分かれて、僕は3大会連続で天龍さん、原さんと組んでカブキさん、WWE、EMLL絡みの6人タッグに出場しました。カブキさんと初めて対戦するチャンスがありましたけど、僕はジェリー・エストラーダとの絡みがほとんどで、カブキさんとはあまり当たれなかったですね。キング・ハクさんのチョップが痛かったのは憶えてますけど（笑）。
ハクさんとはリングを降りれば仲が良くて、その後、僕のブッキングでメキシコに来てもらってタッグを組んでます。（92年9〜10月）
SWSが終わった時、日本のプロレスから撤退するという選択肢もありましたが、結果的にSWSに1年もいなかったから、まだやり足りなかったし、日本とメキシコを往復する生活も全然苦じゃなかった。
あの時点では、天龍さんのプロレスをもっと近くで体感したかったということもあり、WARに参加したんです。

長州さんとは考え方が違ったジュニア対抗戦

ＷＡＲに参加して日本での活動を継続することを選択したウルティモは、かつて入門を許されなかった新日本の選手と戦うことになる。ＷＡＲが新日本との対抗戦に舵を切ったことにより、ウルティモはジュニアのＷＡＲ代表としてvs新日本の最前線に立ったのだ。

ＷＡＲ代表として新日本のリングに最初に上がり、結果を出したのはウルティモ。92年11月22日、両国国技館でエル・サムライが保持するＩＷＧＰジュニア・ヘビー級王座に挑戦して20分45秒、マヤ・スープレックスで勝利し、第20代王者になったのである。

「皆さん、僕は6年前に新日本プロレスで練習生になりましたが、小さ過ぎることで入門できませんでした。でも、夢を捨てずに頑張れば、こうしてベルトを巻けるんです」という試合後のマイクは感動的だった。

そして年明け93年1月4日の東京ドームでは獣神サンダー・ライガーの挑戦を受けた。

新日本のリングに初めて上がって、ジュニアの最高峰のＩＷＧＰジュニアのベルトにい

WARのジュニア代表として新日本との対抗戦に出陣

きなり挑戦できるのは「ああ、遂に俺もこのリングに上がれるんだな」って、感慨深いものがありましたね。

あとチャンピオンがエル・サムライだというのも思うところがありました。メキシコでずっと一緒でしたから。

佐野さん、畑（浩和）さんが日本に帰って、その後にサムライ……松田（納）さんがメキシコに来たんですよ。新日本の道場に通っていた時のちょっと先輩ということもあって、仲良くしてもらいました。

松田さんは、最初は素顔でやっていたんだけど、僕がマスクを被ることを勧めて……あのエル・サムライのマスクのデザインをしたんです。それでマスクは、マスク屋もやっているケンドーに作ってもらったんです。エル・サムライの誕生秘話ですね（笑）。

だから新日本とWARのジュニア対抗戦第1ラウンドみたいな見方をされましたけど、僕自身は昔の道場のつながり……敵ではなく仲間というか「先輩とやらせてもらえるんだな」というような感覚でした。

エル・サムライは万能選手で何でもできるし、基本的に受けのタイプなんですよ。彼がチャンピオンだったからラッキーでした。彼のおかげでいい試合になったと思います。

92年11月22日、IWGPジュニア戴冠後のウルティモは「新日本プロレスで練習生になりましたが、小さ過ぎることで入門できませんでした」とマイクアピール

試合後のマイクは……その時に思ったことをストレートに喋ったということで、完全にアドリブでした。闘龍門では、みんなマイクアピールしてますけど、その原点があの時の僕のマイクかなって思うことがあるんですよね。

あのマイクは新日本の現場責任者の長州さんに怒鳴られました(笑)。あの後にライガーを初防衛戦の相手に指名したんですけど「もっと簡潔に〝次はお前だ!〟でいい。あれは駄目だ!」みたいなことを言われたんです。当たり前ですよね。

長州さんにしてみれば、対抗戦という路線の中では間違ったものに見えたんでしょうね。長州さんと天龍さんの対決は果し合いみたいだったし、もっとギスギスした感じを求めていたんだと思います。

別に自分は間違ったことをしていないと思っているし、いまだにファンの人が、あの時のマイクのことを憶えていてくれて「よかったです」とか言ってくれるんですよ。まあ、上の人は僕らが新日本の道場やメキシコでどんな関係だったかはわからないじゃないですか。エル・サムライもそうだし、ライガーさんもメキシコに来た昔からの同志ですから。

これは僕の考えですけど、ジュニアの対抗戦はギスギスしたものとは違うだろうと。喧

93年1月4日、東京ドームでのライガー戦でIWGPジュニア王座から陥落

エル・サムライとは何度も好勝負を演じた

喧嘩よりも夢があるものでいいんじゃないかと思ってましたね。

でも、当時の新日本プロレスの価値観が「潰すか、潰されるか⁉」だったこともありますよね。その後は共存共栄みたいな雰囲気になりましたけど、最初の頃は他団体の人間が上がると必ず潰しにかかっていましたから。

自分もそういう風に感じました。あの時は、シビアな対抗戦の路線で盛り上がったから間違ってはいなかったと思いますけど、僕の感覚からしたら「外から来た人を全員潰したら、あとは誰とやるんですか？」と。

年明け93年の1・4東京ドームのライガー戦で負けて、すぐにIWGPジュニアを奪回されてしまいましたけど、あの当時は僕とラ

93年6・17武道館で保永昇男にマヤ・スープレックスで勝利

イガーさんでは役者が違いました。で、やってみての正直な感想は、手強かったです。

ライガーも僕もベビーフェースじゃないですか。僕はいわゆるベビーの技を受けるのが苦手だし。そういうのが難しいんじゃないですかね。サムライの方がメキシコで言うとルードだから、やりやすかったんだと思います。

サムライとは何回も戦いましたけど、九州で30分1本勝負をやって、僕が時間いっぱいギリギリの29分58秒で勝った試合（93年7月28日、WARの大牟田市体育館＝ラ・マヒストラルで勝利）も印象に残ってます。

WARの日本武道館で対戦した大先輩の保永昇男さん（93年6月17日＝マヤ・スープレックスで勝利）は、メキシコを経験している

3代目タイガーマスクになる前の金本浩二とも対戦（93年1・8後楽園ホール）

のでルチャにも対応できるし、試合巧者だなと思いました。ガチガチの新日本ではないんですね。頭が柔らかいというか。

WARではヘビー級のスーパー・ストロング・マシン……平田（淳嗣）さんとも一度やったんですけど（94年4月25日、WARの新潟市体育館＝ライガー・ボムに敗れる）、何かあの2人ってタイプが似ているんですね。

企画的に無理があったジュニア8冠統一

若い選手だと、金本浩二はガンガン来てくれて、僕的にはよかったです。彼は僕と戦ってから（93年1月8日、WARの後楽園ホー

93年7月29日には金本が変身した3代目タイガーマスクと対決

ル＝アステカ・スープレックスで勝利）メキシコ修行に行ったんですよ。

メキシコから戻ってきて3代目タイガーマスクになった金本とも試合しましたけど（93年7月29日、WARの長崎国際体育館＝30分時間切れ引き分け）、多分、彼はタイガーマスクをやりたくなかったと思いますよ。

僕のファン時代、三沢さんがタイガーマスクになった時に「あっ、この人は嫌々やってるな」っていうのが伝わってきたのと同じで、金本も「俺はこんなのやりたくないな」って思っていたんじゃないですか？

WARでタイガーマスクとして戦った時の金本は、何か凄く悩んでいる感じでした。それから素顔になってから、水を得た魚のように大暴れしましたよね。

大谷晋二郎とは手が合ったというか、大谷とやったら誰でもいい試合になりますよ。いわゆる新日本流の相手を潰すタイプのようでいて、実は自分が光るだけでなく、相手のよさも引き出す素晴らしいレスラーです。

シングルではスーパーJカップ（95年12月13日のWAR主催の第2回大会・両国国技館＝ラ・マヒストラルで勝利）とジュニア8冠統一トーナメント（96年8月4日準決勝・新日本の両国国技館＝ランニング・パワーボムで勝利）でやりましたけど、大谷との試合はいまだにアメリカのファンの人たちに大絶賛されています。

日本のジュニア対抗戦のピークは、あのジュニア8冠統一だったでしょう。その決勝に僕とザ・グレート・サスケが残ったことに意義があったと個人的には思ってますね。だって当時の新日本は力ずくでも他団体同士の決勝戦を阻止しかねない団体でしたから。

あの8冠で得をしたのは結局、3人しかいないんですよ。僕に勝って、最初に王者になったサスケ（96年8月5日、新日本の両国国技館＝ウラカン・ラナ）、次に獲った僕（同年10月11日、WARの大阪府立体育会館＝ランニング・パワーボムで勝利）、そしてライガー（97年1月4日、新日本の東京ドーム＝スタイナー・スクリュー・ドライバーに敗れる）だ

ジュニア屈指の名勝負と評判の高い大谷晋二郎との対戦（写真はジュニア8冠統一トーナメント準決勝＝96年8月4日、両国）

けなんですよ。

その後ベルトは統一されたのに、よくわからないまま解体されて、うやむやになっちゃいましたからね。全日本プロレスでインターナショナル、UN、PWFの3つの王座が統一されて三冠ヘビー級王座になりましたけど、多くの団体が絡むジュニア8冠王座というのは、盛り上がったものの、正直言って企画的にちょっと無理があったかもしれません。

天龍さんとの一騎打ちで学んだこと

WAR時代には新日本ジュニアとの対抗戦だけでなく、もちろんWAR内での戦いもあった。SWS時代には実現しなかった天龍との対戦も天龍&ミル・マスカラスvs阿修羅・原&ウルティモ（93年10月7日、八戸市体育館＝マスカラスがダイビング・ボディアタックでウルティモに勝利）など、タッグでは数多く行われたし、シングルマッチも95年12月2日に愛媛・松山コミュニティセンター体育館で実現している。

ドロップキック、プランチャ、ムーンサルト・プレスなどの空中殺法で天龍を翻弄したが、喉元チョップ、サッカーボールキックなどの容赦ない攻撃を浴び、最後は7分20秒に

ジュニア8冠王座を巡る中心的な存在だった

パワーボムで轟沈させられてしまった。

天龍と組んで出場した95年12月8日の大田区体育館における『ワンナイト・タッグ・トーナメント』も印象に残る試合。1回戦で冬木弘道、〝ミスター女子プロレス〟こと、LLPWの神取忍のコンビと対戦したのだ。

神取は軽量のウルティモをバックドロップ、ブレーンバスターで投げ、サブミッションのアキレス腱固め、脇固めと果敢に攻め、さらに金的蹴り。これに怒ったウルティモが顔面にストンピング、サッカーボールキックを炸裂させると、客席から大ブーイングが。それでもウルティモは容赦なく走り込んでラリアットを決めた。

最後はウルティモが冬木をラ・マヒストラルで丸め込んで勝利。その後、天龍&ウルティモ組は準決勝でグレート・シンジャ（佐藤昭雄）&タイフーン、決勝で邪道&外道を撃破して、見事に優勝をさらった。


やっぱり天龍さんのチョップは効きましたよ。天龍さんと試合した時に凄く憶えているのは、ボーンとチョップで吹っ飛んだんです。それでロープ際で「あ〜っ！」って悶絶していたら、小さい声で「お前、大丈夫か⁉　もう1発行くぞっ！」って。

WARでは天龍との一騎打ちも実現

リング上で僕を奮起させてくれたのは天龍さんが初めてでした。そういう経験を通じてプロレスを学ばせてもらいました。

だから僕は今、若手の経験の少ない奴に試合中にちゃんと言いますからね。「こうやって動け！」とかって。あの時、天龍さんが教えてくれたことが影響していますよ。

天龍さんは、皆の前では腕組みして気難しい感じでしたけど、天龍源一郎を演じているんです。2人でいる時はフレンドリーで兄貴みたいな人です。

神取さんとやった時ですか？　冬木さんがパートナーXとして神取さんを連れてきたんですけど、斬新なマッチメークで、めちゃくちゃ面白いなと思いました。

神取さんもいいところを見せないといけないじゃないですか。そこで天龍さんは厳しくやるところもあるけど、ちゃんと相手のいいところを見せるわけです。あれが天龍さんの凄いところですよ。天龍さんは頭が柔軟ですから。

あの当時、女子プロレスがどうのこうのと言っていた人もいたと思うんですけど、僕は全然抵抗なかったですよ。ただ神取さんは男子レスラーとやるのが初めてだったから、かなりナーバスだったという印象がありますね。

95年12月8日の大田区体育館では〝ミスター女子プロレス〟神取忍とも対戦

ジェリコ、ミステリオJr.を発掘

ウルティモ・ドラゴンは、WARではプレイヤーとしてだけでなく、外国人招聘ブッカーとしての手腕も発揮して、新しいスターを発掘している。

その代表格が94年2月にライオン・ハートとしてWAR初登場を果たしたクリス・ジェリコだ。デビュー1年の新人時代の91年10月にランス・ストームとのサドン・インパクトなるタッグチームでFMWに初来日しているが、その時はインパクトを残せなかった。

93年4月にコラソン・デ・レオンのリングネームでカナダからメキシコCMLL（旧EMLL）入りしてから頭角を現し、その1ヵ月後の5月2日にはアレナ・コリセオでウルティモ&レーザー・トロンとトリオを結成してサングレ・チカナ&ネグロ・カサス&マサクレと対戦している。

そして同年12月7日、アレナ・レボルシオンでマノ・ネグラからNWA世界ミドル級王座を奪取。12月18日にはアレナ・レボルシオンでウルティモ&シクロン・ラミレスと組んでベスティア・サルバヘ&ネグロ・カサス&ガダベル・デ・ウルトラトゥンバ、翌19日にはアレナ・コリセオでウルティモ&ブルー・デモンJr.と組んでドクトル・ワグナーJr.&エル・グラン・マルクスJr.&ネグロ・カサスと対戦している。

そうした経緯があって、年明け94年2月にスペイン語のリングネームを英語に変えたライオン・ハートでWAR初登場。ルチャ・リブレとはまた違った荒々しい空中殺法で人気者になり、冬木軍入りして、タッグマッチではライオン道の名前で活躍した。

ウルティモとジェリコの激突はWARの名物になり、94年11月8日の後楽園ホールでUWA王者ウルティモとNWA王者ライオンの世界ミドル級統一戦が行われ、カンクーン・トルネードで勝ったウルティモが史上初のUWA&NWA2冠王者に君臨した。

95年7月7日の両国国技館でライオンが雪崩式ダブルアーム・スープレックスでウルティモを下してWAR認定インターナショナル・ジュニア王座を防衛した一戦は、今もクリス・ジェリコが「日本での思い出の試合」と語る大勝負だった。

96年7月の来日を最後にWARに別れを告げたジェリコは、同年8月にWCWと契約してアメリカに進出。WCW世界クルーザー級、世界TV王者となり、さらにWWEでタイトルを総なめにして世界的スーパースターになった。今もなお新興団体AEWでトップスターに君臨している。

ライオン・ハートと名勝負を展開。後にクリス・ジェリコとしてWWEなどでスーパースターになった

もうひとりはレイ・ミステリオJr.である。ウルティモの強力な推薦により、95年12月13日に両国国技館でWAR主催として行われた『第2回スーパーJカップ』に本戦のトーナメントとは別枠で特別参加し、シコシス相手に超立体空中殺法を披露。WARに計5回来日してファンを驚嘆させた。

96年7月8日、フロリダ州オーランドのディズニーMGMスタジオにおける『マンデー・ナイトロ』でディーン・マレンコを撃破してWCW世界クルーザー級王者になったことでアメリカのトップレスラーの仲間入りを果たし、さらにWWEに転出して世界ヘビー級からクルーザー級まで、階級を超えてジェリコと同様に王座を総なめ。40代半ばになった現在もWWEのトップグループにいる。

ウルティモは世界的スーパースターになった男たちをいち早く日本のファンに紹介していたのである。

「ジェリコは、僕が所属していたCMLLに上がっていて、事務所でよく顔を合わせていたんですよ。彼はなかなかの好青年で『俺はFMWに上がったことがあるんだけど、もう1回日本に行きたい』って言ってきたんです。

ミステリオJr.を日本に招聘。高速ウラカン・ラナでファンの度肝を抜いた

それで「ルックスもいいし、これは日本向けだな！」と思ってすぐにブッキングしたんです。リングネームをスペイン語のコラソン・デ・レオンをそのまま英語のライオン・ハートにしたのは、本名のクリス・ジェリコで呼んでしまうと、ＦＭＷ時代の新人のイメージが残っているかもしれないと思ったからなんですけど、ＷＡＲで大ブレイクしましたね。ジェリコを呼んだあたりから、何となく自分の人材発掘とか、人をプロデュースする能力というものを意識するようになりました。

95年11月には逆にジェリコが、彼の地元のカナダ・マニトバ州のウィニペッグに僕を呼んでくれました。あんな寒いところに初めて行きましたよ。

空港に着いたらバッドニュース・アレンさんがいて「うわっ、コワッ！」って（笑）。子供の頃に会場で追い掛け回された思い出があるんです。でも実際にお会いしたバッド・ニュース・アレンさんはすごく優しいおじさんでした。

ウィニペッグではジェリコと3連戦（11月14〜16日）やって、初戦で彼が持つベルト（ＩＷＡジュニア・ヘビー級王座）を奪取した後に2回防衛……結局3連勝しました。

ミステリオはメキシコで見た時にホント衝撃的だったんです。ウラカン・ラナが高速で入る。「こいつ、宇宙人か!?」と驚かされました。

昔、ティファナでの試合後に他のレスラーたちとビールを飲みに行ったんですけど、店の外に昔の僕みたいなプロレス小僧が10人ぐらいいたんです。その中にファン時代のミステリオ少年がいて、仲良くしていたんです。

「プロレスラーになる」って言ってたんだけど、本当にプロレスラーになって、しかも世界のスーパースターになっていたからビックリしましたね。

『第2回スーパーJカップ』の時に、当時のWARの社長に「こういう選手がいるんですけど、呼んでいいですか？」って聞いたら「トーナメントに入れたらいいじゃないか」と言われたんですよ。でも僕は、彼をトーナメントに出場させたら駄目だと思ったんです。

それで「ミステリオは、シコシスという選手と試合をしないと意味がないから。この2人でセットでということで、トーナメントの決勝戦の前のブレイクタイムに特別試合として入れてください」って言ったんだけど「駄目だ」と断られました。

そこで何とか実現させたくて、最後に僕は啖呵を切りました。「僕はこの大会のプロデューサー。だから僕の意見は入れてくれ」って。それでようやく承諾を得て、ミステリオとシコシスの試合を組めたんです。

その後もミステリオの技に対応できる、魅力を引き出せるフベントゥ・ゲレーラと当てたりして（96年7月20日、両国国技館＝ゲレーラからWWA世界ウェルター級王座奪取）、大きな大会だけ対戦相手とセットで呼んでいましたね。天龍さんもとても気に入ってくれていたと思います。

ジェリコは日本に来るといつも連絡をくれて、2020年の1月の新日本の東京ドームに来た時も一緒に食事をしました。

その後、10月（7日）にAEWの『ダイナマイト』で放映されたジェリコの30周年記念大会で僕のお祝いメッセージが流れましたけど、あれは「ぜひメッセージを送ってほしい」って、ジェリコから直接連絡があったんです。

ジェリコの生涯ベスト10マッチに僕との試合も入っているらしいです。両国の試合（96年7月7日、両国国技館）って言ってたかな？

何かしら僕にいまだに、いろいろな国からオファーがあるのは、ハッキリとした理由がある。それはジェリコとかミステリオとか、僕が昔戦ったライバルがみんな凄く有名になっているからです。

今の時代はユーチューブがあるから、ミステリオやジェリコのファンは昔の試合をよく観ているんです。そこに必ず対戦相手として僕が出てくる。だからリアルタイムのテレビに出ていなくても、自動的に僕の宣伝にもなるわけですよ。

彼らが活躍することによって、ファンは昔の映像も観る。そうすると僕もネームバリューが上がっていくんです。ジェリコは360万人ぐらいインスタグラムのフォロワーがいるんじゃないですか？　ミステリオにしても240万人ぐらいいますから凄いですよね。僕が日本に紹介したレスラーが世界的に活躍するのはシンプルに誇りに思います。

今回のジェリコへのメッセージでも、僕のネームバリューがまたグーンと上がったと思いますよ。お祝いメッセージの最後に「もう1回、クリス・ジェリコvsウルティモ・ドラゴンをやろう！」って伝えておきましたから（笑）。

今は新型コロナ・ウイルスの問題がありますけど、AEWでクリス・ジェリコvsウルティモ・ドラゴンの最後の一騎打ちというのは、夢があるマッチメークですよね？

第7章
アメリカWCWに進出

WCW初登場は新日本のブッキング

１９９６年夏、ウルティモ・ドラゴンに大きな転機がやってくる。ザ・グレート・サスケとのジュニア8冠統一トーナメント決勝戦に敗れた5日後の8月10日、アメリカWCWのサウスダコタ州スタージスにおけるペイ・パー・ビュー（PPV）全米生中継のビッグショー『ホッグ・ワイルド１９９６』にWCW世界クルーザー級王者レイ・ミステリオJr.の挑戦者として登場したのだ。

王座奪取は成らなかったが、試合内容が高評価されて12日のウィスコンシン州キャスパーにおける生中継の『マンデー・ナイトロ』で再び挑戦。翌13日にはコロラド州コロラドスプリングスでの『サタデーナイト』の収録でミスターJL（ジェリー・リン）、15日のコロラド州デンバーの『クラッシュ・オブ・ザ・チャンピオンズ』でコナンと対戦した。

勝つことができたのはミスターJL戦だけだったが、正式契約選手ではなく単発の参加としては、いい扱いを受けたと言っていいだろう。

それまでアメリカでやる選択肢はないと思っていたんですけど、ミステリオがＷＣＷで世界クルーザー級のチャンピオンになったことで（この96年7月8日にディーン・マレンコから奪取）「ああ、これは俺にもチャンスがあるな」と。

ＷＣＷは新日本プロレスと提携していたから、新日本がブッキングしてくれました。

現地に行ってみると、最初に驚いたのが移動がチャーター機だったんですよ。会場にはケータリングが用意されていて「いやあ、俺はメジャーなところに来たな！」と実感しました。どういう立場で、誰とやるのかも知らされてなかったんですけど、とりあえずヒールだということで急遽、牙付きのマスクを用意して、入場の時に毒霧を噴いて、アピールしました。

毒霧はＥＭＬＬでウルティモ・ドラゴンとしてデビューした当初にやっていたんです。リッキー・スティムボートがＷＷＦで〝ザ・ドラゴン〟のキャラクターでやっていた時に火を噴いていたじゃないですか。そのイメージだったんですけど、さすがに火を噴くのは危ないなと思って、火を噴いているように見える赤い毒霧にして（笑）。

でも自分のコスチュームが汚れるんで、すぐにやめましたよ（笑）。

当時の自分はヒールの仕事を完全には理解してなかったけど、あの頃のＷＣＷは結構自

96年8月10日にWCW初登場を果たしたウルティモは毒霧でアピール

由で、規制が少なかったんですよ。自分たちで好きなようにやってくれという空気感があったんですね。だからやりやすかったです。

ブッカーのケビン・サリバンさんにも「自分の好きなように、メキシコや日本でやっているようなことをやってくれ」と言われたのを憶えています。

サニー・オノオがマネージャーとして付いたから、それだけでヒール。日本人を強調するお辞儀のパフォーマンスぐらいで、僕はそんなに悪いことをやった記憶がないんですよ。サニーさんが相手の足を引っ張るぐらいですね。

その2日後の『ナイトロ』ではマッチメークが決まってなかったみたいなんですけど「初戦がいい試合だったから、あの2人をもう一度やらせよう」という話で、連続でミステリオとのタイトルマッチが組まれたと思います。これは僕にとって、凄くラッキーでした。

禁断のジュニア9冠王者

WCWに初めて出場した後、WARの8、9、10月シリーズに参加したウルティモは、10月11日に大阪府立体育会館でサスケからジュニア8冠王座を奪取。11月にJクラウン王者として再びWCWのリングに立ち、WCW世界クルーザー級王者ディーン・マレンコとの抗争に突入した。

なお、ジュニア8冠はIWGPジュニア・ヘビー、NWA世界ジュニア・ライト・ヘビー、WWF世界ライト・ヘビー、WWA世界ウェルター、UWA世界ジュニア・ライト・ヘビー、WWA世界ジュニア・ライト・ヘビー、WARインターナショナル・ジュニア・ヘビー、英連邦ジュニア・ヘビー、NWA世界ジュニア・ヘビーの8つのタイトルを統一したものだが、WCWではJクラウン・タイトルとアナウンスされた。

2回目のWCWではJクラウン・チャンピオンということで『マンデー・ナイトロ』(11月18日、サウスカロライナ州フローレンス)でWCW世界クルーザー級チャンピオンのディーン・マレンコといきなりダブル・タイトルマッチをやったんですよ。

でも、当時のWCWはWWE(当時はWWF)と興行戦争、テレビ視聴率戦争の真っ最中でしたから「WWF世界ライト・ヘビー級のベルトだけは持って出ないでほしい」っていうことで、実際は7本のベルトを賭けて戦ったんです。

その試合は僕が勝ったんですけど、オーバー・ザ・トップロープのためにルールによっ

WCWではクルーザー級のトップのミステリオとライバル関係に

て王座の移動はありませんでした。

その後にミステリオ相手にJクラウンを防衛して（11月24日、バージニア州ノーフォークのPPV『WCWワールドウォー3』）、日本に帰ってきてから猪木祭り（12月1日、国立代々木競技場第二体育館の『INOKI　FESTIVAL in 代々木』）で愚乱・浪花、WARの両国（12月13日）でミステリオ、レッスル夢ファクトリー（12月20日、熊谷市民体育館）で茂木（正淑）相手に防衛戦をやって、年末のWCWのビッグショー（12月29日、テネシー州ナッシュビルのPPV『スターケード1996』）でディーンに勝ってJクラウン＆WCW世界クルーザー級王者になりました。

WCWがクルーザーのタイトルを新設した時に「クルーザーはディーンを中心に」という風に考えたらしいんです。そこにミステリオという新しい大スターが出てきて、それから新しい選手みんなに平等にチャンスを与えてベルトを活性化していこうということで、僕にもチャンスが巡ってきた。

WCWでチャンピオンになった時、自分が思ったのは「何かこういう凄いことっていうのは、ある日突然、簡単に起こるんだな」ってことですね。

その翌日の『マンデー・ナイトロ』（12月30日、テネシー州ノックスビル）でライガーさ

96年12月29日にはディーンから世界クルーザー級奪取

10冠タイトルを手にするウルティモの写真は今もアイコン的な1枚に

ん相手に防衛してるんですけど、それは日本で報道されなかったのかな？　で、年明け（97年）の1・4東京ドームでライガーさんに8冠だけ獲られて。

あの日の試合前に8冠の8本のベルト、WCW世界クルーザーのベルト、それからクリス・ジェリコ（当時はライオン・ハート）から奪取したNWA世界ミドル級（94年11月8日、後楽園ホール）の計10本のチャンピオン・ベルトを巻いて記念撮影したんですけど、それがファンの間で伝説になっていて、いまだに世界各国のファンがその写真を持ってきて、サインを頼まれるんですよ。

マニアのファンがたくさんいて「WWFとWCWのベルトを同時に巻いたのはウルティモ・ドラゴンだけだ」とか言ってくれるんです。

自分では正直言って、あの時にジュニア8冠とWCWの世界クルーザーのベルトを獲ったことは、僕のプロレス人生の中では必ずしもハイライトではなかったんですよ。

賞味期限を見極めて旬のリングへ

97年1・4東京ドームでライガーにジュニア8冠のベルトを明け渡したものの、WCW

世界クルーザー級王者であるウルティモは、1月12日の後楽園ホールにおける安良岡裕二戦を最後にWARに別れを告げ、WCWと専属契約を結んだ。

96年はちょうど30歳になる年で、日本とメキシコを毎月往復するのが自分の体調的に結構しんどくなっていたんですよ。あの頃、控室で目が回ったりして、ヤバかったんですよ。自律神経がおかしくなっていたんでしょう。強度の時差ボケですね。

「ちょっとこれは限界だな」と思ったし、日本に毎月通うんだったら、メキシコからアメリカに通う方が時差もないし楽だから、しばらく日本はお休みしようかなと思ってWCWに参戦しようと思ったんです。

あとWARの路線も大分、変わってきていたんです。それで自分の活躍する場所もないなっていうのもありましたね。

天龍さんは、僕が辞める時に何も言わず、笑顔で送り出してくれました。

日本のレスラーにはひとつの団体で自分のキャリアを終える人もいますけど、自分はいろんなところに行ってみたいというのがありました。

だって、その人の人気なんて10年は続かないですよ。多分、その団体での賞味期限みたいなものがあるんです。まあ、マックス10年くらいじゃないですか。

どんなレスラーでもいつかは絶対に団体を辞めなきゃいけない。だから、ちゃんと自分でその時期を見極めて、旬のリングに行かないと。それがプロレスラーだと思います。

昔の日本の普通の大企業は終身雇用制で、最初に入った会社で最後まで勤め上げるというのが常識だったのかもしれないけど、今は違うじゃないですか。

特に僕らみたいな仕事をしている人間は、その時その時の自分の旬とか、「ここにいていいのか⁉」をちゃんと判断して、そこでスパンと見切りをつけて、パフォーマンスを発揮できる場所に行かなければいけない。そういう人がどんどん上に行けるんです。

ずっと同じ場所に出ていたら、お客さんに飽きられますよ。だから自分の場合はテリトリーを変えてメキシコから日本、その次はアメリカに行って、その後にヨーロッパにも行ったし……。

そうして、しばらく姿を消していると「どうしているのかな、久しぶりに観たいな」ってなると思うんですよ。そういうこともセルフ・プロデュースのひとつです。

僕はフェイスブックとかインスタグラムをやってますけど、プライベートは絶対に露出しません。プロレスラーはミステリアスでいないと。特にマスクマンは。

WCW「マンデー・ナイトロ」にもレギュラー出場した

僕らはプロレスラーのミステリアスな部分に想像力を膨らませて憧れたんですから。

今の若い選手はプライベートな場面や自分の練習まで平気で見せちゃっていますけど、見せてもいいのは試合の写真ぐらい。自分のプライベートを見せちゃ駄目ですよ。そういう意味ではプロ意識がないというか、セルフ・プロデュースができていない若手選手が多いと思いますね。

誰を通じて契約するかが重要

ここでウルティモがWCWと契約した頃のアメリカ・マット事情に触れておきたい。

かつてアメリカ・マット界はアメリカのプロレス・テリトリーの約4分の3、カナダ、メキシコ、日本、オーストラリア、ニュージーランドなど各国各地のプロモーター約30名が加盟するNWA、ミネソタ州ミネアポリスを拠点に米北部とカナダの一部をテリトリーとするAWA、ニューヨークを拠点に米北東部とカナダの一部をテリトリーとするWWE（前身はWWF、WWWF）の3つの組織が不可侵条約のもとに共存していた。

だが、84年にWWEがNWA、AWAの各テリトリーのトップ選手を引き抜いて全米侵攻を開始。ＮＷＡはプロモーターの連盟だったが、ＷＷＥの侵攻にＮＷＡの各テリトリーは対抗できずに衰退し、86年頃からはＮＷＡ会長を務めるジム・クロケット・ジュニアの『ジム・クロケット・プロモーション』＝ＮＷＡになってしまった。

そして88年11月に『ジム・クロケット・プロモーション』が衛星テレビ&ケーブルテレビの放送局ＴＢＳ（ターナー・ブロードキャスティング・システム）に買収され、ＮＷＡは新会社のＷＣＷに生まれ変わったのである。

ＷＷＥは衛星テレビ、ケーブルテレビを駆使して全米にアピールして躍進し、93年1月にはＵＳＡネットワークで月曜夜の生中継『マンデーナイト・ロウ』の放送を開始して、ＷＣＷに大きな差をつけた。

これに対してＷＣＷは94年6月にＷＷＥのスーパースター、ハルク・ホーガンの引き抜きに成功。さらにランディ・サベージも引き抜いて盛り返し、95年9月に『マンデーナイト・ロウ』の裏番組としてＴＮＴで『マンデー・ナイトロ』の放送を開始して、月曜夜のテレビ視聴率戦争が勃発した。

そして96年、ＷＣＷは絶頂期を迎える。5月にホーガンがヒールに転向してＷＷＥから移籍してきたケビン・ナッシュ&スコット・ホールとｎＷｏ（ニュー・ワールド・オーダー）を結成。空前のｎＷｏブームが起こったのだ。

ウルティモがＷＣＷに初登場した96年8月10日の『ホッグ・ワイルド１９９６』もホーガンがザ・ジャイアントからＷＣＷ世界ヘビー級王座を奪取した日。つまり、ウルティモは一番いい時代のＷＣＷに参加したのである。

ＷＣＷはヘビー級のｎＷｏ路線だけでなく、テレビ向けにスピーディーなクルーザー級路線にも力を入れた。ディーン・マレンコを筆頭にクリス・ベノワ、エディ・ゲレロら新日本のジュニア戦線で活躍した実力者を集め、さらに派手な空中殺法を駆使するレイ・ミステリオJr.、その対戦相手のシコシス、フベントゥ・ゲレーラ、ラ・パルカなどのメキシコのルチャドールたちもスカウト。

当時のＷＣＷはウルティモにはうってつけの環境だったのである。


あの時期は多くのメキシコの選手がクルーザー級としてＷＣＷと契約をしていました。メキシコ人の場合はコナンがブッカーをやっていて、みんなコナン経由で入ってきたんです。僕はそうではなく、サニーさんを通じて契約しました。

サニーさんは怪しい感じですけど（笑）、日本橋生まれの純粋な日本人（本名は小野尾和

当初はサニー・オノオとのコンビでヒールとしてWCWマットを席巻

男）なんです。小学生ぐらいの時にご両親が離婚して、お母さんに付いてアメリカに移住して、大変なご苦労をされたみたいです。

彼は新日本の選手がWCWに行くとマネージャーをやってましたけど、新日本プロレスのことは苦手みたいな感じでした。でも僕はフリーじゃないですか。若い頃から海外に住んでいたから、サニーさんは自分と同じ境遇の人間、仲間だと思ったんですよ。だから僕を大プッシュしたんだと思います。

で、サニーさんはWCWの副社長のエリック・ビショフさんと昔から友達だったみたいです。エリックさんはAWAでテレビ番組を作る仕事、それからリングアナウンサーをしていて、その頃にサニーさんと知り合ったって言ってましたね。サニーさんは、マネージャーとして表舞台に出てくる以外は、ブッキング業務もこなしていました。

プロレスと政治、宗教は何か似てますよね。日本の総理大臣だって、どんな後ろ盾がいるのか、どういう派閥がバックになっているかっていうのが重要じゃないですか。

誰が背後にいて、誰をプッシュするか。誰と誰が仲いいのかとか。もちろん仕事ができるのが大前提ですけど、そういう裏の力学を含めて最終的に運がいい人が、トップに行くんですよ。

今、ＷＷＥは大企業ですけど、あの当時は、会社の規模で言ったらＷＣＷの方が大きかったと思います。親会社のテッド・ターナーのテレビ局ＴＢＳのスポーツ部門の中にＭＬＢのアトランタ・ブレーブス、ＮＦＬのアトランタ・ファルコンズ、ＮＢＡのアトランタ・ホークス、それとプロレスのＷＣＷがありました。

だからエリックさんはＷＣＷ副社長という肩書きだったんですけど、実際にはＷＣＷに関しては、エリックさんがトップでした。『マンデー・ナイトロ』も、ｎＷｏも、成功させたのはエリックさんの手腕ですからね。

トップにエリックさんがいて、ケビン・サリバンさんがブッカーをしていて、その下にサポートとしてアーン・アンダーソン、テリー・テイラー、あと何人かがいましたね。

基本的には月曜夜の生中継の『マンデー・ナイトロ』、２週間に１回の『サタデーナイト』の収録、そしてＰＰＶのビッグショーでしたから、スケジュール自体は、イージーでした。

あとフロリダ州オーランドのユニバーサル・スタジオでＴＶテーピング（ＴＶショー番組『ＷＣＷプロ』の収録）があって、試合の合間にユニバーサル・スタジオで遊んだのも今となってはすごくいい思い出です。

世界TV王者にプッシュされた経緯

1月12日にWARでのラストマッチを終えてアメリカに戻ったウルティモは、1月20日にイリノイ州シカゴの『マンデー・ナイトロ』でディーンの挑戦を退けたものの、翌21日、ウィスコンシン州ミルウォーキーの『クラッシュ・オブ・ザ・チャンピオンズ』で遂にディーンに世界クルーザー級王座を奪回されてしまう。

これにより前年11月からのディーンとの抗争はピリオドを迎えたが、WCWと正式に契約したウルティモには新たなステージが待っていた。

日本人レスラーでは89年9月にグレート・ムタしか就いたことのない世界TV王座を巡る戦いである。ウルティモは軽量級ではなく、無差別級のグループに入ったのだ。

そして4月7日、アラバマ州ハンツビルの『マンデー・ナイトロ』で、初挑戦にしてプリンス・イヤウケアからベルトを奪取した。

なお、このプリンス・イヤウケアは日本でお馴染みのキング・カーチス・イヤウケアとは無関係。ブッカーのケビン・サリバンがその素質に惚れ込み、親友のカーチス・イヤウケアの名前を借りて命名されたもので、のちにアーティストのリングネームで活躍する。

つまりウルティモはブッカーの秘蔵っ子からベルトを奪取したのである。

サニー・オノオという人は、その時には全然気付かなかったんだけど、お客さんのヒートを買う素晴らしいマネージャーでした。

彼は物凄く素晴らしいヒール・マネージャーだったんですけど、僕はヒールのレスラーとしてはまだ未熟でした。もしかしたら彼の足を引っ張っていたかもしれません。

自分は日本でもベビーフェースだし、メキシコでもベビーだったから、その辺の立ち位置が理解できてなかったと思います。

「こういうことなんだな」って、WCWでのことがわかり始めたのは、大分経ってからですよ。

ただ、当時のアメリカは、もうスニーキーなスタイル（塩で目潰しをしたり、レフェリーの目を盗んで首を絞めるような卑怯なスタイル）の日本人レスラーの時代ではなく、向こうのファンも目が肥えていたし、日本のプロレスにはジュニア・ヘビー級があるというのを理解していたから、僕やディーン、エディ・ゲレロ、クリス・ベノワ、クリス・ジェ

97年4月7日、イヤウケアを撃破して世界TV初戴冠

ＷＣＷでのフィニッシュはドラゴン・スリーパーに

リコ、ミステリオなんかの日本のジュニアのスタイルがウケたんですね。そういう流れでした。

だから僕は何もアレンジなんかしていないですよ。普段通りの試合ですよ。フィニッシュもラ・マヒストラルとか、ウラカン・ラナとか、タイガー・スープレックスとか。ドラゴン・スープレックスはさすがに危ないからやらなかったですけど。

でもフィニッシュはいつも同じ技で勝たないといけないんです。アメリカではそれがセオリー。それが最初はわからなくてフィニッシュを毎回変えていたら「ひとつにしてほしい」って言われたんです。

で、ラ・マヒストラルをフィニッシュにしようと思ったらポール・オーンドーフさんに「もっと見栄えのいい技ないのか?」って言われて。それでいろいろ考えましたね。

フランケンシュタイナーは危ないし、じゃあ見栄えのいい技ってなんだろうといろいろと考えて頭を悩ませていたら、テリー・テイラーさんに「ドラゴンなんだから、ドラゴン・スリーパーをやったら」って言われて。

「そんなの全然派手な技じゃねぇじゃん」と思ったんだけど、使ってみたら意外とウケたんですね、何でかはわからないですけど(笑)。それでドラゴン・スリーパーが僕のフィニッシュということになりました。

世界TVのベルトを獲った時、チャンピオンのプリンス・イヤウケアはまだ新人でしたが、歴代チャンピオンを聞いたらスティング、グレート・ムタ、レックス・ルガーとか、錚々たるメンバーばっかりで驚きましたよ（笑）。

多分サニーさんが大プッシュしてくれたと思います。そうでなきゃチャンスに恵まれなかったと思うんですよ。サニーさんが新日本のことを苦手だと言いましたけど、実はある新日本の選手……怪力の人が（苦笑）、WCWでやらかしちゃったらしいんですよ。そこからの話です。彼は天然じゃないですか（笑）。

だからサニーさんは武藤（敬司）さん、蝶野（正洋）さん、ライガーさんとかのトップの人は別として新日本の選手にいい印象を持っていなかったんですよ。そこで僕の場合はサニーさんが「浅井君、俺が一緒に付いて回って、○○（怪力男の名前）とは違うし、新日本の選手じゃないから大丈夫だよと説明するから」って、やってくれたんです。

後年、日本に帰ってから、その怪力男が「ご迷惑をおかけしました。すいませんでした。若かったので」って謝ってきたんで「いや、僕は別に何の被害も受けてないから大丈夫ですよ」って（笑）。風評被害を受けたのは、僕より後にWCWに来た永田裕志ですよ。

その時々でプッシュされる人間は当然変わります。会社としては、クルーザーはミステリオで行きたかったけど、彼がずっとチャンピオンじゃ面白くないじゃないですか。そこで最初はUSヘビー級戦線のいいところにいたエディ・ゲレロがクルーザーになったんですけど、本人の中ではまだヘビーでやりたかったみたいで……。

エディはホント、凄く練習して、シェイプしていて、凄く自分に自信があったんでしょうから、思うところがあったんです。その後、エディはWWEに移籍して大活躍したのも当然でしょう。

アメリカのプロレスはムービー

世界TV王者になったウルティモは4月14日のペンシルベニア州フィラデルフィアの『マンデー・ナイトロ』でレニー・カールソン（レニー・レーン）相手に3分44秒、16日のジョージア州ゲインズビルの『サタデーナイト』でフベントゥ・ゲレーラ（以下、フービー）相手に2分ジャスト、17日のミシガン州サギノーの『マンデー・ナイトロ』でボビー・イートン相手に2分48秒、5月12日のメリーランド州ボルチモアの『マンデー・ナイトロ』

でフービー相手に今度は5分14秒……と、短時間勝負の防衛ロードを続けた。

ファイト・スタイルは日本とほとんど変わらないが、ローキックの連打などの蹴り技を多用していたのがポイント。

アメリカ人には西部開拓時代から喧嘩＝殴り合いというイメージが強く、キックは卑怯に映るらしい。ウルティモがキックの連打でベビーフェースを滅多打ちにすると、そこにブーイングが飛び、ヒールが成立していた。

だが反則をやるわけではなく、ブファドーラやラ・ケブラーダ（現地ではアサイ・ムーンサルト）も駆使し、フィニッシュは相手をコーナー最上段にセットしての雪崩式フランケンシュタイナー（現地ではドラゴンスタイナー）からのドラゴン・スリーパーというのが定番だった。

短い時間の試合ですか？　エリックさんがマサ斎藤さんの追悼試合（2019年2月15日、大阪・城東ＫＡＤＯ－ＹＡがもよんホール）に来日した時、僕のことをポッドキャストで凄く褒めてくれていて、自分はどういう状況だろうが、エリックさんの「こういう風にやってほしい」という線に沿った試合をちゃんとこなしていたと。

「3分しか時間がなくても、その持ち時間の中で試合を組み立ててやっていた」というのがエリックさんの評価らしいです。僕はまったく憶えていないですけど。

毎回、テレビが始まって、最初のオープニングでホーガンがマイクパフォーマンスするんです。彼はWCWのスーパースターだから、何でもアリなわけですよ。時間が押して、バックステージで待っていた僕の試合がなくなったこともありました（苦笑）。

でも、それは当たり前なんです。だってファンはホーガンのインタビュー、ホーガンの試合が観たいじゃないですか。こんなこと言っちゃいけないけど、僕の試合なんてどうでもいいんですよ（苦笑）。

最初に試合が飛ばされた時には「何だよ！」って思いましたが、何年か経ってみたら「そりゃ当たり前だよな」と。

そんな感じだからTVショーの残り時間を考えて、時間枠に試合が収まるように瞬時に組み立てを考えていました。

これは後々の話ですけど、エディ・ゲレロから世界クルーザー級を獲った時（97年12月29日、ボルチモアの『マンデー・ナイトロ』）なんか、試合時間は2分もなかったはずです。

（※実際には1分26秒）

あの時もホーガンが喋り過ぎて時間が押しちゃって「もう時間がないし、俺たちのタイトルマッチはどうなるんだよ⁉」って思ったんですけど、そうしたらチャンピオンのエディが入場の花道で奇襲を仕掛けてきて、そのまま乱闘しながらリングに転がり込んで、リングの上で戦ったのは2分弱。

勝ったのは僕でしたけど、あの試合を成立させたのはエディのプロレス頭に尽きます。ちょっとこれは語弊がある表現かもしれないですけど、WCWでやっている時、アメリカのプロレスはムービーだと思いました。で、メキシコのプロレスはアニメですよ。日本は格闘技です。今はスポーツ・エンターテインメントになりましたけど。

プロレスはヒールが作る

ウルティモの世界TV王座は5月18日、ノースカロライナ州シャーロットで開催されたPPV『スランボリー1997』でロード・スティーブン・リーガルに奪われてしまう。試合に介入したサニーの蹴りがウルティモを誤爆したことでウルティモとサニーに険悪なムードが生まれ、サニーの試合への介入をウルティモが拒絶したことで完全に仲間割れ。

場外で後頭部にサニーの蹴りを食ったウルティモは、リーガルのロイヤル・ストレッチに無念のギブアップとなったが、この試合を機にウルティモはベビーフェースとして新たにプッシュされる。

サニーがマネージャーになって差し向けてきたメキシカン・ヒールのシコシス、ダミアンとの抗争に突入すると、ファイト・スタイルはそのままなのにウルティモのベビーフェース人気は急上昇した。

そして7月21日、フロリダ州ジャクソンビルの『マンデー・ナイトロ』でウルティモがドラゴン・スリーパーでリーガルから世界TV王座を奪回した時には、ジャクソンビル・コロシアムは大歓声に包まれた。

仲間割れになった後、サニーがメキシカンを連れてきて抗争になったんです。僕にしてみれば正直「こんなの何が面白いの?」って思ったんですけど、アメリカのファンは喜んでいたみたいです(笑)。

日本は曖昧ですけど、メキシコもアメリカも善玉と悪玉が完全にピシッと分かれているんです。わかりやすいです。その王道を学べたのは大きかったですね。それをちゃんとやっていなかったら闘龍門で生徒に教えられなかったでしょうね。

リーガルの試合はメキシカンやクルーザー級の選手とやるのとは違って、めちゃくちゃシンプルなんです。それなのに僕がベルトを奪回した時にワーッと沸いたんです。それは僕が勝ったからじゃなくて、リーガルが負けたから沸いたんですよ。それが自分はわかったんですよ。プロレスはヒールが大切なんだなって、気付いた瞬間です。

サニー・オノオもそうだし、ホーガンもnWoでヒールだったでしょ？　WWEのスティーブ・オースチンもザ・ロックも皆ヒールでしょ？　だからプロレスはヒールが作ると確信したんです。

ベビーフェースがたとえどんなレスラーであっても、悪役がめちゃくちゃ悪い人だったら盛り上がります。だって、そのヒールの無様な負けを見たいじゃないですか。簡単なことです。

「これか！」と。まさに目から鱗ですよね。

ヒールの大切さはビル・ゴールドバーグをプッシュした時にも感じましたね。

彼はNFLからプロレスに転身したんです。ゴールドバーグのプッシュは本当に凄くて、たった1年で本当に頂点に行きましたからね。デビューから頂点に行くまでのストーリー

97年7月21日には、リーガルから世界TV2度目の奪取

を全部見ていましたけど、連戦連勝を重ねて、最後にはハルク・ホーガンがきれいな負け方をして、ゴールドバーグが世界ヘビー級チャンピオンになったんです。

その時、ホーガンがいかにプロレス業界のことを考えているかがわかりました。「これが新しいスターを作ることか」と。

その時に「最後、ヒールは負けなきゃいけないんだな」っていうこともわかりました。でも僕がリーガルに勝つというのは……勝っちゃいけない人に勝っちゃいましたね。リーガルもそうだし、その後にやったデーブ・フィンレーにしても「こんなに強い人によく向かって行けたな」と。僕も若かったですね。めちゃくちゃ強い人たちですから、今考えると怖いことをしたと思います。

リーガル戦、フィンレー戦はユーチューブでも観ることができるが、確かにいわゆるウルティモの試合とは違う。ウルティモの攻撃を彼らが要所でちょっとした技でストップさせ、観客をイライラさせるのだ。その緩急の付け方とシンプルなテクニックは見事だ。

そう見えるのは彼らの基本的なテクニックが本物だからです。UKのスタイルの技術をプロレスの技にアレンジしているのでちゃんとしているんです。彼らはプロレスの枠の中で強さを表現できる人たちでした。

特にリーガルはお客さんに嫌われていましたからね。素晴らしいヒールですよ。世界TVのベルトはアレックス・ライトに取られちゃうんですけど(8月21日、テネシー州ナッシュビルの『クラッシュ・オブ・ザ・チャンピオンズ』)、彼のお父さんのスティーブ・ライトが観に来ていて、僕のところに来て「いい試合だったよ」って言ってくれたんです。

僕の中ではスティーブ・ライトは、タイガーマスクがきりきり舞いさせられたイメージがあったから「おおっ、あのスティーブ・ライトに褒められたよ!」って、ベルトを取られたのに、ちょっと嬉しかったですね(笑)。

ブッカーというポジション

ゴールドバーグのプッシュの話をしましたけど、彼を作ったのはホーガンであり、ブッカーのケビン・サリバンさんだと思います。サリバンさんは、とにかく面白そうなものは取り入れて、とりあえずやってみようという柔軟な人でした。

サリバンさんは常にアイデアがいっぱい詰まっていて……うまく言葉で表現できないいんですけど、毎週バックステージでnWoをどうやってブームに作り上げていくのか考えていて、僕はその一部始終を目の当たりにしていましたね。

例えばスティングが天井から降りてくる演出だとか。WCWに行っていなかったら、闘龍門を自分で作った時に、いろんなアイデアは出なかったでしょう。まさに闘龍門の根っこはWCWで学んだことが大きかったです。

レスラー兼ブッカーという人は多いですけど、自分が試合をしちゃうと、他の試合を観ることができないじゃないですか。闘龍門ができた時、たまたま自分は怪我をしていて第1試合からすべての試合を観ることができたんです。結果的にブッカーに専念することがよかったんです。あの時、リングに登場している人はブッカーをやっちゃいけないんだと痛感しましたよ。

レスラーがそのままブッカーになっていくケースが多いですけど、それは絶対に駄目だと僕は思っています。レスラーと運営する人は分けた方がいいんです。

それにレスラーがブッカーをやると、自分を必要以上に下げたり、逆にジェラシーを感じて他の選手を自分より上に行かせないっていうこともあり得るから、選手とブッカーは完全に別の人がやる方がいいと思いますね。

よく日本のレスラーは、レスラー出身じゃない人に対して「あんな奴、受け身も取ったこともないくせに」とか言いますけど、そんなのはまったく関係ないです。

サリバンさんは、本来はレスラーなんだけど、ブッカーの立場に専念していました。そこが素晴らしいと思いましたね。僕も勉強させてもらいましたよ。

別格だったホーガンとパイパー

WCWで僕が全然格が違うなと思ったのは、ホーガンとロディ・パイパーです。

あの2人は控室も僕らとは別の部屋だし、リムジンで会場に来るし、凄かったです。ブレット・ハートが途中からWWEから来ましたけど、そこまでのVIPではなかったような感じです。

あとはスティング、レックス・ルガー……スティングもいい扱いでしたけど、やっぱりホーガンが東の横綱だとすると、西の横綱はパイパーですね。パイパーは凄くフレンドリーでいい人で、マイクもうまければ、試合もうまい人でした。

ケビン・サリバンさんがブッカーを休んだことがあって、助手のテリー・テイラーさんが代行したことがあるんです。

で、ある日、テリーさんが「来てくれ」って僕を控室に呼びに来て、部屋に入ったらホーガンとパイパーがいたんですよ。で、何だかフレンドリーな感じじゃないんですよ。テリーさんに「電話に出てくれ」と言われて電話に出たら「もしもし、箱根小涌園です」って言うから、どういうことなのかと思ったら、日本にいるエリック・ビショフさんに国際電話をかけていたんです。

どうやらホーガンとパイパーが、どちらがテレビに長く映るかで折り合いがつかず、テリーさんではどうにもならずにエリックさんに最終的な判断をしてもらおうということで日本にわざわざ電話したみたいです。

でもエリックさんはWCWのオーナーではないし、ホーガンとエリックさんはいろいろ話し合っていて、僕から見ると、いわゆるイーブンぐらいの関係だったと思うんです。

WWEではビンス・マクマホンさんの前ではホーガンだろうが、誰だろうがみんな同じでした。ホーガンを特別視というのはないんです。それはザ・ロックでも同じだと思います。そこを徹底しているからＷＷＥは最終的に興行戦争で勝ったんでしょう。

ＷＣＷとＷＷＥは会社の理念が全然違います。のちにＷＷＥに行って両団体の違いを知ったのはその後のプロレス人生に役立ちました。

ＷＣＷでの思い出の一戦

ホーガンはもちろんですけど、ＷＣＷで僕が特に凄いカリスマだと感じたのはランディ・サベージですね。

ユニバーサル・スタジオのＴＶテーピングの時（98年1月31日の『ＷＣＷワールドワイド』の収録）に僕と永田裕志が呼ばれて、テリーさんに「ＶＩＰの人が来るけど、この中で誰とやりたい？」ってリストを見せられたんです。

ホーガンの名前はなかったけど、レックス・ルガーはあったのかな？　その中で僕は真っ先にサベージの名前を挙げましたね。

「そういえば、この人は東京ドーム（90年4月13日の『日米レスリング・サミット』）で天龍源一郎と試合をした人だな」って。あの試合で天龍さんがブレイクしたというのもあったし、自分の頭の中では「スーパースター」っていうイメージがあったんです。

正直言って、ルックス的にはホーガンみたいに格別にデカくはないけど、物凄いカリスマで、それは控室にいても感じました。で、話してみたら凄くフレンドリーなんです。

この人と試合をやらせてもらったら、自分にとっていい経験になるかなと思ってテリーさんに言ったら「わかった」って、すぐに試合を組んでくれたんですよ。

当時、僕はベビーフェース、サベージはnWoのメンバーでヒールなんですけど、サベージの人気は凄いんです。ベビーとヒールが逆転して、99・9％のファンはサベージを応援していましたよ（笑）。当たり前ですよね。

サベージは会場のすべての人間を自分に惹きつける術を知ってる人です。持っているものが違いました。場面場面で一番遠くにいるお客さんの顔を見ている。僕もそれは常に意識していますけど、その人のセンスの問題なんで、説明してもできない人はできない。

やっぱりサベージは超メジャーの選手でした。どうすればメジャー感を出せるのかっていうのはうまく言葉にできない。練習してできるものではないし、その時々の空気感をキャッチするとかは、やっぱりセンスの有無が問われますね。

サベージと僕とでは体格が違いますけど、試合はちゃんとやってくれました。試合中に彼の美人マネージャーのエリザベスに足を引っ張られましたけど、そういう感じで彼女が絡んでくれたのも楽しい思い出です（笑）。

最後はダイビング・エルボーで負けたんですけど、力強かったですよ。あれは痛かった……。

nWoブーム

僕がWCWにいた96～98年のWCWは完全にnWoの時代でした。主役はハルク・ホーガン。ボスがホーガンで、その下にケビン・ナッシュとスコット・ホールが同格でいて、さらにその下に多くのレスラーが名を連ねていました。

あの時、勢いは完全にWCWでした。まったく勢いが違う。WWEとの月曜夜のテレビ視聴率戦争もWCWが常に勝っていました。

だからWWEのトリプルH、ショーン・マイケルズたち（Dジェネレーション X）が『マンデー・ナイトロ』の生中継をしているWCWの会場前に車で乗りつけて、中に入ろうとして挑発するなんていう、めちゃくちゃな事件も起こりました。

nWoブームの中でムタと蝶野がホーガンと合体したことも

その理由が、WCWの方が人気あるのが悔しいって（笑）。アメリカ人って、日本人では考えられないことをするんで、僕は凄く面白いなあって思ってましたね。

日本で例えるなら、新日本の『ワールドプロレスリング』の生中継中に全日本のレスラーが押しかけてくるようなものですからね（笑）。

nWoとして蝶野（正洋）さん、武藤（敬司）さんがWCWに上がりましたけど、たまにしか来ないからメインストーリーには入ってませんでした。僕が思うに、あの時のnWoジャパンって、あれはもうWCWと新日本の会社同士の話だったんじゃないですか。

日本に行っていたのはスコット・ノートンとか、nWoスティングとかの日本要員で、WCWではほとんど試合していないですよ。だからnWoとnWoジャパンは名前は一緒でもまったくの別物でした。

WCWに上がった日本人レスラー

ウルティモと同時期にWCWに上がっていた日本人は永田裕志だ。永田は97年3月にアメリカ武者修行としてWCW入りし、98年7月まで1年4ヵ月間、サニー・オノオをマネージャーに打撃を駆使する日本人ヒールとして活躍した。

ベルトを獲ることはできなかったが、WCW入り当初はUSヘビー級王者ディーン・マレンコ、その後は世界クルーザー級王者当時のクリス・ジェリコと抗争を展開したし、ディスコ・インフェルノ、ブッカーTが保持していた世界TV王座にも挑戦。ビル・ゴールドバーグが保持していたUSヘビー級王座にも挑戦している。

またウルティモと永田の日本人対決も97年10月26日のネバダ州ラスベガスでのPPV『ハロウィン・ヘイボック』と12月23日のPPV『ワールド・ウォー3』というビッグショーで実現して、いずれも永田が勝利。

98年4月3日のオーランドでのTVショー『WCWワールドワイド』ではウルティモが勝利していて、WCWでのランクはウルティモの方が上だが、直接対決では2勝1敗で永田が勝ち越しているのが面白いところだ。

PPVのビッグショーで2回もシングルが組まれたのは、ウルティモ＝ベビー、永田＝ヒールという図式ながら、2人とも日本流のファイトを展開して、それを観客が支持したからだろう。映像を観ると、特にアメリカ向けにアレンジしていないので、日本にそのまま持ってきたとしても違和感を持たれることはないはず。クォリティーの高い試合だ。

WCWで実現した永田との日本人対決

また永田は98年5月にウルティモに誘われてCMLLで2試合、ナウカルパンにおける闘龍門自主興行にも出場している。

ウルティモの口利きでWCW入りしたのは獅龍ことカズ・ハヤシだ。獅龍は97年3月にみちのくプロレスを退団して単身メキシコに渡り、プロモ・アステカや闘龍門の自主興行に上がっていたが、98年2月22日にカリフォルニア州サンフランシスコのカウパレスにおけるPPV『スーパーブロウルVII』のダークマッチでウルティモの胸を借りてアメリカに進出。

翌23日のカリフォルニア州サクラメントの『マンデー・ナイトロ』でマスクを脱いで素顔のカズ・ハヤシとしてウルティモと再戦している。同年7月にWCWと正式契約してジミー・ヤン、ジェイミー・サンとオリエンタル・ユニットのヤング・ドラゴンズを結成してレギュラー・ポジションをものにした。

WCWにいた時は、永田裕志が一緒にいて、物凄く心強かったですよ。プライベートでも仲良くしていました。

僕はいつも冗談で「永田君、全然出番がないね」って言ってましたが、僕は最初から商品でも、彼の場合は「将来、新日本のトップに立つ」っていう立場で来ていて、ＷＣＷもそれを理解していました。

だからゴールドバーグともやったはずだし、ベルトに挑戦する機会があまりなかったのは……その何年か前にＷＣＷに来ていた怪力男の風評被害があったんじゃないですか（苦笑）。

人種差別？　それは少なくとも僕らは感じたことがないです。

黒人やヒスパニックのレスラーは、僕らがわからないところではあったのかもしれないですけど、僕は感じたことないですよ。みんなによくしてもらったし。ただ、アメリカ社会には階級の格差はあると思います。それがデモや暴動になっていると僕は思いますね。

カズ・ハヤシをＷＣＷに連れて行ったのは、彼が出たいって言うから「いいよ」って。ただそんな感じです。あとメキシコにいたツバサもそうですが、彼は永田裕志のフロント・スープレックスで首を負傷し、高い代償を払うことになりましたね（笑）。

カズの場合は、彼はハンサムな男だからテリー・テイラーさんが「マスクマンが多過ぎるからマスクを取るんだったら仕事をやる」ってことで。それでマスクマンの獅龍から素顔のカズ・ハヤシになってＷＣＷと契約することができたんですよ。

獅龍（左）とツバサ（右）はウルティモのツテでWCWへ

日本人にはマスクマンのイメージがないんです。だから僕だって「マスクを取れ」って言われたことがありますからね（笑）。こうした交渉は、会社がレスラーをどうやってアップさせるかを常に考えているビジネスならではでしょうね。

WCWでのラストマッチは突然に

世界クルーザー級、世界TVのベルトをそれぞれ2回奪取し、いわゆるセミファイナルクラスでの上位の地位を確立したウルティモだが、WCWを去る日は突然やってくる。

7月22日、ジョージア州アトランタのウェスト・ノース・ピース・メディカルセンターで左肘の関節遊離体の除去手術を受けたが、1時間で終わると聞いていた手術は実に3時間半の時間を要した。

そして術後に激しい痛みに悩まされて戦線を離脱してメキシコへ。9月になって正中神経麻痺だと判明したが、その原因は手術ミス。神経が根元から切断されていたのである。

結果的に手術2日前の7月20日、ユタ州ソルトレイクシティの『マンデー・ナイトロ』で闘龍門の愛弟子マグナム・トーキョー（のちのマグナムTOKYO）にドラゴン・スリーパーで勝ったのが、ＷＣＷでのラストマッチになってしまった。

手術をする2ケ月ぐらい前から肘がロックして動かなくなったり、可動域が狭くなったり、ベンチプレスが上がらなくなったりっていう症状があったんです。

そうしたらＷＣＷにはリング・ドクターもいるし、会社の方で手配をして保険も効くからっていうことで手術することにしたんですけど、そのリング・ドクターが問題でしたね。あとで知ったんですけど、僕の肘以外にも、膝を潰しちゃったりとかのミスがあったみたいです。

簡単な手術で、クリーンにしたら2週間ですぐにリングに戻れる程度のものだと聞いていたから、僕も軽く考えていたんです。まさか手術ミスが起こるなんて、夢にも思いませんでした。

手術が終わって目が覚めてボーッとしていたら、永田裕志とカズ・ハヤシがお寿司を買って見舞いに来てくれたのを憶えてます。

で、麻酔が切れたら、脳天を突き上げるような強烈な痛みが襲ってきたんです。もう、どこが痛いのかわからないくらいの激痛です。その時はわからなかったんですけど、神経が断裂していたんです。

2日で退院してメキシコの自宅に戻ったんですけど、痛くて眠ることもできず、リング・ドクターに電話を入れて、すぐにアトランタに戻りました。でも、リング・ドクターは「今は腫れているから、しばらく様子を見る」と言うばかり。

それで神経のスペシャリストがいると聞いて、右腕1本で車を運転してジョージア・ウエルネス・センターにも行きましたが、激痛の原因は謎のままでした。

神経が完全断絶していることがわかったのは、12月に日本に帰国して再手術をした時です。執刀してくださった楠瀬先生には、それ以来、長らく主治医として僕のサポートをしてもらっています。

よくよく考えてみれば、自分のサイズで世界TVチャンピオンなんてあり得ないじゃないですか。「そういうレベルまで行っちゃったから、そのツケが回ってきたのかな。だから怪我したんだ」と思いましたよ。

自分は昔から危機管理能力が働くんですよ。例えばユニバーサルの時も「これは、こうなるな」って気付くんですよ。でも唯一、そう気付かなくて辞めなきゃいけなかったのはWCWですね。

何か、あの時が自分の転換期というか、怪我するというのも宿命、自分の運命だったんじゃないですかね。

あのままWCWにいても、たどり着けるのはあの辺が限界だったと思うんですよ。世界クルーザー級、それに世界TVを2回獲ったわけだから。

あのままWCWにいたとしたら闘龍門はうまくいってなかったかもしれないし、肘とは違う場所を怪我していたかもしれない。あの時に、WCWを離れたのは運命だったんでしょうね。

第8章

闘龍門

4人の先発隊から始まった闘龍門

アメリカのＷＣＷに進出するのと並行して、ウルティモ・ドラゴンはプロレスラー養成学校を作り、自身のプロレスラー活動だけでなく、後進の育成も手掛けるようになった。それが闘龍門だった。なお命名したのは、ゴングの名物編集長としてプロレス界に貢献し、日本スポーツ出版社社長としても手腕を発揮した竹内宏介である。

１９９６年８月31日、ＷＡＲの後楽園ホール大会の試合前に記者会見を行ったウルティモは、メヒコ州ナウカルパンで『ＵＬＴＩＭＯ　ＤＲＡＧＯＮ　ＧＹＭ　闘龍門』を97年3月下旬に開校することを発表。選手を育成するプロコースと一般コースが用意され、プロコースは年間４２００ＵＳドル（合宿費＆レッスン料）＋別途２５００ＵＳドル（ビザ、ライセンス取得料）、一般コースは1ヵ月４５０ＵＳドルとした。

この会見にはインストラクターとしてウルティモと同じマスクを被った青年が同席したが、その正体は、のちのマグナムトーキョー（ＴＯＫＹＯ）である。

自分でジムを持つということは、最初はまったく考えてなかったんですよ。きっかけは黒木克昌（マグナム）との出会いです。

彼は僕のファンだったみたいで、よくWARの会場に来ていたんですよ。それで「内弟子にしてください」って言うから最初は断っていたんですけど、練習の時に誰かパートナーがいた方がいいかなという気軽な感じで一緒に練習し始めて、そうしているうちに自分のことをいろいろサポートしてくれるようになったんですね。「じゃあ会場にも来いよ」という話をして、付き人みたいな形になったんです。

よく考えてみると、山本小鉄さんが僕を内弟子として認めてくれたじゃないですか。そういうのを黒木に無意識に感じたのかもしれないですね。会場で僕の周りでチョロチョロしているから天龍（源一郎）さんが「あいつは何だ⁉」と。昔、坂口（征二）さんが正式な練習生でもないのに新日本の道場に住んでいた僕を見て言ったのと同じですよ。

それで「いや、僕の内弟子なのでお願いします」と頼んで、会場の隅で練習をさせてもらう許可をいただき、黒木には練習だけでなくWARの手伝いもしてもらいました。

そうした中で、1人の弟子を取るんだったら、道場というのをやってみようかなと思ったんですよ。閃きですよ。1人より何人もいた方が競い合っていいじゃないですか。

WAR後楽園で開校発表。写真右は内弟子の黒木（96年8月31日）

そう考えていた時に、ちょうどプロレス専門誌で「ブレット・ハートの自宅にリングがあって、いつでも練習ができるようになっている」というハート・ダンジョンの記事を見たのも大きかったですね。

僕は運営だとか、マネジメントができる人間ではないんですけど、黒木は優秀な人間で、自分のサポートができるということだったんで「じゃあ、やろうか」っていう話になったんです。いろいろ綿密に計画を立てたわけじゃないんですよ。その場のノリですね、スタートは。

ウルティモは97年1月中旬から本格的にWCWのサーキットに入ったが、その合間を縫って3月29日に全日空ホテルで『デビュー10周年&闘龍門ジム設立記念パーティー』を行い、5月11日にアレナ・ナウカルパンで闘龍門自主興行第1弾を開催することを発表。4月2日に1期生の先発隊と共にメキシコに向かった。

メキシコに旅立ったのは黒木の他、大島伸彦（シーマ・ノブナガ→CIMA）、藤井達樹（スモウ・フジ→ドン・フジイ）、諏訪高広（ジュードー・スワ→SUWA）の3人だ。

その4人を最初に連れて行った理由ですか？　黒木は一番弟子だし、僕のサポート役だから当然、連れて行きますよ。その他は「とりあえず大丈夫だろう」という3人を先発隊として連れて行ったんです。

藤井は元力士（北の湖部屋＝力の海）で、プロレスラーになりたくてＷＡＲに入ったんですけど、体が小さいということで営業部員をやっていたんです。それで僕と一緒にＷＡＲに出入りし始めた黒木と仲良くなったんだと思いますよ。

黒木から闘龍門の計画を聞いたと思うんですけど、藤井から頼んだのか、黒木から一緒にメキシコに行こうと誘ったのかはわからないです。

ＷＡＲの社員だったので「メキシコに行っても天龍さんの方は大丈夫なのか？」って聞いたら「いや、ちゃんと話は通ってますんで」ということだったんでメンバーに入れたんですけど、しばらくしたら天龍さんに「お前、ウチの営業部員を引き抜いてどういうつもりなんだ！」って怒られちゃって（苦笑）。

黒木に「どうなってるんだ？」って聞いたら「藤井さんは、社長とまき代さん（天龍夫人）には言ったけど、天龍さんには怖くて言えなかったみたいです」って。その後、天龍さんの了解はちゃんと取り付けましたけどね（笑）。

先発隊としてメキシコに渡った大島（CIMA）、黒木（マグナムTOKYO）、藤井（ドン・フジイ）、諏訪（SUWA）の4人（左から）

諏訪はアニマル浜口トレーニングセンターにお世話になっていたから、何回か会ったことがあるんですけど、黒木が直に声を掛けて来ることになったと思います。

四十数人の応募があった中から15人を選考したんですけど、そこから先発隊に選んだのは大島だけですね。お世話になっていた三遊亭楽太郎師匠（現・三遊亭円楽）の奥さんが「最初に連れて行くのは、このコがいいんじゃない？」って指差したのが大島だったんです。

藤井はお相撲さんだったから人前で戦うのは苦じゃないだろうし、諏訪もプロレスラーになりたくて浜口さんのところで練習していたわけだし、大島も高校時代に自費でメキシコに行って練習していたから、最初にデビューさせるのに最適な人選だったと思います。

闘龍門の初練習はメキシコ到着翌日の4月4日。初日はリンピオ（テクニコ）専門技術を教えるブラックマン（アルバロ・メレンデス）とウルティモが指導に当たり、ルード担当コーチにはスコルピオ（ラファエル・ヌニュス）が起用された。

当時のウルティモのスケジュールはハードだ。4月7日にはアラバマ州ハンツビルでプリンス・イヤウケアを撃破して世界ＴＶ王座を奪取。ＷＣＷのトップグループ入りしたことで毎週月曜の生中継『マンデー・ナイトロ』、ＰＰＶにレギュラー参戦しながらメキシコ

97年4月4日、メキシコでの闘龍門初練習。ウルティモの隣は素顔のブラックマン

に戻って指導に当たっていたわけだ。

ウルティモのデビュー10周年と日本人のメキシコ移住100年周年を記念する大会として5月11日にアレナ・ナウカルパンで開催された闘龍門自主興行第1弾では、ウルティモはメインイベントで10年来のライバルのネグロ・カサスと一騎打ちを行ってタイガー・スープレックスで快勝。

4人の練習生もデビューし、第1試合で黒木がラ・マヒストラルで大島に、第2試合で藤井が逆エビ固めで諏訪に勝利。いずれも入門1ヵ月とは思えないファイトを披露した。


当時の生活ですか？　ハードスケジュールと言っても、WARにレギュラー参戦していた時もハードでしたから、自分の感覚では普通でしたね。

日本からメキシコに戻るフライトというのは夕方6時頃に到着なんですよ。WAR時代には、そのままアレナ・メヒコに直行して試合することもしょっちゅうでしたから。で、メキシコでサーキットをこなして、毎日夜中の3時、4時に戻ってきて、荷物だけ取って、そのまま日本に行って試合をすることがよくありました。

だからメキシコとアメリカの往復の方が移動時間とか時差を考えたら、まだ楽だったと思いますよ。そこでどうやって生徒たちに教えていたかは憶えてませんけど（笑）。

工事が大幅に遅れていて、最初は普通のアパートを合宿所代わりに借りて、アレナ・ナウカルパンのリングで練習していましたよ。

メキシコに着いて1ヵ月ちょっとで皆をデビューさせましたけど、自分はメキシコに着いて2日後に試合したじゃないですか。だから道場でどうこうするよりも、すぐにデビューさせて、実戦で覚えさせた方が早いと思ったんですよ。

自分がやったことと同じことをやらせただけです。簡単なことじゃないですか。だから「まずは見様見真似でやれ。あとは勝手に覚えるから」って。最初はしょっぱくてもしょうがないし、いくら道場で練習したところで、うまくならないコはうまくならないし、このコたち4人をベースにして、そこから増やしていって、道場みたいなものを作っていった方がうまくいくと思ったんですよ。最初から生徒さんを集めて僕が先生みたいな感じでやるのは無理だと思ったんですよ。

門下生をプロデュース

驚くべきは8月4日の自主興行第2弾におけるデビュー第2戦で早くも黒木はマグナムTOKYO、藤井はスモウ・フジ、諏訪はジュードー・スワ、大島はシーマ・ノブナガというキャラクターを持ったことだ。ただし、まだクレイジーMAXというユニットは結成されておらず、マグナム&シーマがフジ&スワに勝っている。

自分が日本の団体に入らずにメキシコに来て、プロレス・ビジネスを何となく理解したように、最初から彼らには「プロレスはエンターテインメントだから」と教えました。エンターテインメントだから、新人と言えどもキャラクターを持つことは大事なんで、それぞれに僕がプロデュースしましたよ。

黒木のマグナムのキャラ付けは、メキシコに来る前から始まっているんです。

それまでの黒木はスポーツ刈りみたいな短い髪で、色が白くて、ジャケットみたいなのを着ていて、普通のサラリーマンみたいで全然、プロレスラーっぽくなかったんです。

97年5月11日に開催された闘龍門自主興行第1弾は大成功

「僕、どうしたらプロレスラーになれますか？」って聞かれたので「とりあえず茶髪にして、日焼けして出直してこい」って言ったら、ホントに茶髪にして、日焼けで真っ黒になって来ましたよ。ある意味、そういう馬鹿じゃないとプロレスラーはできないんですよ。

で、ある時、WARがよく打ち上げをやっていた水道橋駅前のビルの焼き肉屋で黒木と食事していたら、若い女の子がやってきて「この人はなんですか？」って聞くから「こいつはね、AV男優なんだよ」って冗談を言ったら信じちゃって（笑）。

「えっ、名前はなんて言うんですか？」って聞くから「こいつはマグナム黒木っていうんですよ」って。それがマグナムTOKYOの原点です（笑）。

メキシコでは本名のKUROKIよりもTOKYOと名付けた方が日本人だとわかりやすいから『MAGNUM TOKYO』にしたんです。本人には「インパクトがあるんだから、それで行け！」と言って、AV戦士にさせたんですよ。

当時、マグナム北斗っていう人気AV男優がいましたけど「あのマグナム北斗より絶対にお前の方が有名になるから心配するな。やり続けろ！」と。実際にそうなったでしょ？

入場はWCWでディスコ・インフェルノが踊りながら出てくるのが面白いと思ったから、それをセクシーダンスしながら入場して、タイツにチップをねだるヌードダンサー風にア

マグナムのコスチュームの原型となったウルティモのコスチューム（95年7・7両国、対ライオン・ハート戦）

レンジしたんですよ（笑）。入場テーマ（ジョン・ロビンソンの『TOKYO　GO』）は、諏訪がどこかから見つけてきたと思います。

マグナムTOKYOのコスチュームは、僕がクリス・ジェリコ（ライオン・ハート）と両国でやった時と同じ格好ですよ。パンツもそうだし、あの時の仮面風のマスクのデザインも黒木の仮面と同じです。（※95年7月7日のWARインターナショナル・ジュニア戦。7月28日の後楽園ホールにおける再戦でも同じ仕様のコスチュームを使用）

僕もああいう格好もやってみたかったんですけど、ウルティモ・ドラゴンに見えないじゃないですか。もう完成されたイメージがありますから。まあ、ジェリコとやったのは夏だったから、限定であの格好をしましたけど、やっぱり自分ではできなかったから「お前、これをやれ」って黒木に言ったんですよ。

藤井は元相撲取りだから『SUMO　FUJI』、諏訪は柔道をやっていたんで『JUDO　SUWA』。

大島は歴史上の人物の名前がいいなと思って『SHIIMA　NOBUNAGA』にしたんですけど、名前が長過ぎて面倒臭いと思って『NOBUNAGA』を外したんです。で、シーマを英語表記にすると『SHIIMA』になるけど、日産の車のシーマと同じようにＳＨＩではなくＣ表記の『ＣＩＭＡ』にした方が簡単だと思ったんです。簡単で、すぐに覚えられる名前がいいんですよ。１回聞いたら忘れない、簡単な名前がいいんです。

それはＷＣＷにいた影響もあると思いますよ。『ｎＷｏ』とか簡単ですよね。誰でも覚えられる。ハルク・ホーガンとか、誰でも覚えられるじゃないですか。

だから、あんまり難しい名前は駄目なんです。芸能人とか有名な人は名前が簡単じゃないですか。あとは日本語だったから子供でも読めないと。

例えば、普通に考えたら『岡田和睦』も読めないと思うんですよ。それで「岡田、これは何て読むんだ？」って聞いたら「かずちかです」って。だから、今はカタカナ表記ですけど、闘龍門時代の彼のリングネームの日本語表記は『岡田かずちか』にしたんです。自分を基準にして、読めない漢字はひらがなにするんです。

難しい字や当て字のリングネームって意外に多いですよね。まあ、ファンの人は覚えるでしょうけど、一般の人がパッと見てわからなきゃ駄目ですよ。

あと僕が思うに猪木さんは猪、馬場さんは馬、他にも上田馬之助、林牛之助とか、リングネームは動物に何か関係ある名前が覚えやすくて忘れないのかなと。

空想上の動物ですけど、僕もドラゴンだし、ドラゴンとかタイガーとかは万国共通だから、すぐ覚えてもらえるんです。

遠回りをさせずに育成

闘龍門では最初の４人だけじゃなく、みんなをプロデュースしてキャラ付けしました。あとは、それを理解して、僕が言っていることを１００％聞いてやったとしても、自分なりにアレンジすることが大切なんです。

ある程度ヒントを与えますけど「こういうことかな？」「いや、こういうことか」って、ファンが何を求めているのかをセルフ・プロデュースしないと駄目。

人間って誰でも長所もあるし短所もあります。長所だけの人っていないじゃないですか。で、見る角度を変えると長所は短所になるし、短所は長所になるんですよ。その逆転の発想で生まれたのがストーカー市川（現・このまま市川）です。

「お前は世界で一番弱いレスラーになれ」と。「いいじゃん、それで。プロレスラーが強いっていうのは誰が決めたの？　プロレスラーが弱いって面白いじゃない」って。

ＷＣＷのＴＶテーピングでは、プッシュする選手たちを引き立てる役割の噛ませ犬的な、

道場で基礎体力を養った上で、実戦で経験を積ませることに重点を置いた

いかにも弱そうな選手がいるんです。そこから発想が生まれたんですよ。「お前はそれで行きなさい。それがお前の生きる道なんだから。それぞれ役割があるんだから、一生懸命やり続けろ」とプロデュースしたんです。トップがいて、中間がいて、負ける人もいるし、悪役もいる。「プロレスはこういう成り立ちになっているんだよ」と最初に説明してあげれば、混乱しないと思います。

昔の日本のプロレスは「頑張れば上に行ける！」っていう教え方をしてましたけど、全員がトップになれるわけではないし、じゃあ上に行けない人間は、どうやってプロレスの中で生きたらいいかというのも教えないといけない。

僕はメキシコでデビューして、日本のプロレスにゲストとして参戦して、不思議に思うことがたくさんありましたよ。それが日本のプロレスの伝統なんでしょうけど「無駄なことをやってるな」とか「自分が今まで覚えてきたこと、感じてきたこととは違うな」っていうことが多々ありました。

僕はメキシコでプロレスラーとしてのベースを作って、ユニバーサルで日本に帰ってきて、ＳＷＳ、ＷＡＲ、新日本にも出て、アメリカのＷＣＷにも行きましたけど、その経験のすべてを集約したのが闘龍門だと思います。

道場よりもリングでの実戦を優先すべき

そのひとつが欠けていても駄目だったと思うし、メキシコ、日本、アメリカのそれぞれにいいところもあれば、当然、よくないところもあったわけで、僕が「これはよくないなあ」と感じたところを取り除いて「こうやった方がいい」「ああやった方がいい」って一番いいところだけを教えたんですよ。それが闘龍門です。

僕は闘龍門を始めた時に、最初から『学校』って割り切ってやっていたんで、とりあえず来たコから誰一人として脱落者を出すことなく、何とか自主興行の枠の中でもデビューさせなきゃいけないと思っていました。それこそストーカー市川みたいに頑張っているコには、自分が何とか道を考えてあげて。

もちろん、応募してきた全員が入れるわけではないです。履歴書を見て、健康に問題がある人もそうだし、凄くいい仕事に就いていて、それを辞めて来ようとする人には「ちょっと考えてみましょう」と助言しました。

闘龍門ジャパンができてからは、初めの半年だけ神戸の道場で練習してからメキシコに来るというシステムに変えました。

なぜかというと、メキシコにダイレクトに来るとなると、やっぱりみんなビビるわけですよ。せっかくメキシコまで来たのに2、3日で帰っちゃうコもいて、それだと無駄というか、かわいそうじゃないですか。

普通のプロレス団体というのは練習生をふるいにかけて落としていくけど、僕は全員を残したいっていう考え方。それをいきなりメキシコに行かせちゃうと、環境にも慣れないし、みんなもうプロレスどころじゃなくなるんですよ。

だから最初に神戸で半年間の練習をして、半年間頑張ったコは無条件でメキシコに来られる。メキシコに来たコは全員デビューするところまで面倒を見るように努めました。オカダ（カズチカ）にしても、最初は神戸にいたはずです。

ウルティモが目指したのはルチャドールの育成ではなく、メキシコ、日本、アメリカのいい部分を抽出したハイブリッドなプロレスだ。門下生はメキシコだけでなく、ウルティモのルートでＷＣＷでも新人のうちからファイトしている。

１期生先発隊の４人は、デビュー１年足らずの98年４月からＷＣＷマットに登場。98年４月６日のフロリダ州マイアミにおける『マンデー・ナイトロ』ではシコシス＆ラ・パルカ＆エル・ダンディvsマグナム＆シーマ＆スワの６人タッグが実現している。

さらに６月のフロリダ・サーキットでは22日のジャクソンビルの『マンデー・ナイトロ』

で永田裕志vsマグナム、24日のオーランドの『サンダー』でスティービー・レイvsフジ、29日のタンパの『マンデー・ナイトロ』でアレックス・ライト&ディスコ・インフェルノvsマグナム&シーマ、ザ・ジャイアントvsフジ&スワのハンディキャップマッチが行われた。

この日の大会で特筆すべきは、リトル・ドラゴンの名前で出場したドラゴン・キッドがエディ・ゲレロに勝ったことだ。キッドは4人に遅れること半年の97年11月にデビューした1期生である。

また7月7日のジョージア州メイコンの『サタデーナイト』でウルティモvsシーマ、同月20日のユタ州ソルトレイクシティの『マンデー・ナイトロ』ではウルティモvsマグナムの師弟対決が実現している。このマグナム戦がウルティモのWCWラストマッチとなった。前章でも触れている通り、この試合の2日後に左肘の手術をした際にミスがあり、長期欠場を余儀なくされてしまうのだ。

WCWにウチの選手をブッキングしたのは、早い時期からメキシコとアメリカの両方を見せて、いろいろなお客さんの前で経験を積ませたかったからです。

まあ、そこは僕の政治力です。最初はユニバーサルスタジオのTVテーピングでしたけど「ナイトロにも出してほしい」って、あの手この手でネゴシエーションしました。

いくら道場で教えても、やっぱり一番大事なのは人の前に出ることですからね。だからメキシコだろうがアメリカだろうが、いろんなお客さんの前で、いろんな舞台で試合をさせることを心掛けましたから。

彼らにどれだけの経験を積ませるか、そのためにネゴするのが自分の仕事だと思ってました。だから僕は道場で手取り足取り教えるのではなくて、アメリカサイドと交渉して出られるようにするということに力を注いでいましたね。それで経験を積ませて、早く一人前になれと。

ウチの若いコには遠回りさせないようにしました。自分が遠回りしていないんで。変な話、下積みとか修行って必要ないじゃないですか。だってゴールドバーグなんかは下積みなんてしていないじゃないですか。いらないですよ。

なぜ日本逆上陸は成功したのか

97年5月11日のアレナ・ナウカルパンにおける自主興行から1年8ヵ月、闘龍門は99年

99年1月31日の日本逆上陸までには成功させるための多くの伏線があった

1月31日の後楽園ホールから2月7日の横浜文化体育館まで全5戦の自主シリーズ『キング・オブ・ドラゴン』で日本逆上陸を果たす。

ウルティモはその半年前から布石を打っていた。シーマ＆スワ＆フジのクレイジーMAXを前年98年7月、10～12月にみちのくプロレスに送り込んで、彼らの知名度を上げ、早くから日本のファンに注目されていたマグナムTOKYOはメキシコとWCWでより多くの経験を積ませたのだ。

日本で興行をやろうと思ったのは……彼らが将来的にアメリカやメキシコに住み着いて、海外で活躍するのは難しいと思ったからです。

闘龍門は学校というコンセプトだったので、日本に行って興行という形でお披露目をして、日本にはみちのくプロレスとかいろいろな団体があるから、とりあえずみんなに仕事があって、レスラーとしてやっていけるような環境になればいいなと思ったんです。だから日本での最初の興行は、団体の旗揚げではないです。

ただ誰も日本に行かせていない状態でいきなり興行をやって、それでコケたら目も当てられないので、日本のファンの人たちに認知してもらうために、まずクレイジーMAXをみちのくに送ったんですよ。

簡単に言えば、ヒールだからです。ヒールの存在感が大きくて、悪ければ悪いほどベビーが光るんですよ。

だからマグナムとかドラゴン・キッドのベビーフェースは温存しておいて、まずクレイジーMAXがみちのくでヒールとして認知されて、ヒール人気を上げて「あれは悪い連中だ！」というベースを作る。そこにベビーをぶつけるという絵を描きたかったんです。

99年1月31日の後楽園ホールにおける闘龍門日本逆上陸第1戦は超満員札止めの2131人（主催者発表）のファンが詰めかけて大盛況となった。

本来なら主役になるべきはずのウルティモは左肘の怪我のために欠場となったが、クレイジーMAXがヒールユニットとして認知され、元AV男優（あくまでもキャラ）のマグナムTOKYO、ウルティモ以上の四次元殺法の使い手という触れ込みのドラゴン・キッドが専門誌等でパブリシティされていたことが功を奏したわけだが、何より闘龍門の若い選手たちのファイトがファンやマスコミ関係者の想像を超えていたことが大きい。

メインのマグナム＆キッド＆SAITOとクレイジーMAXの3対3イリミネーション

闘龍門スタート当初のマスクマンはドラゴン・キッドだけだった

マッチは45分を超える熱闘となり、若いファンを熱狂させた。

自分は宗教家でも何でもないですけど、いろいろな出来事があると「これは、こういう運命なんだな」と思うんですよね。例えば飛行機に乗り遅れたとしても「あっ、その飛行機に乗っちゃいけなかったんだな」と考えれば、引きずらない。

左肘の手術のミスにしたって、ちょうどあの時、WCWでレスラーとしてピークだったと思うんです。ピークということは、そこから落ちるしかないじゃないですか。

だから、本来だったら落ちていく自分がいたのに、怪我をしたことで試合をしなくなって、ファンの前から消えたことで逆に商品価値が上がったと思うんですね。あの時にああいう休みがあってよかったと。それに、もし怪我をしないで飛び回っていたら、闘龍門も違った展開になっていたんじゃないかと思います。

あの99年1月31日の日本逆上陸の前年、12月に再手術をしたんですけど、主治医に「神経の完全断裂で、今の医学では完治が難しい」って言われて、しばらく落ち込んでいて、いろいろ考えていて……普通だったら闘龍門の日本逆上陸で自分が出なかったら、興行が成り立たないんじゃないかとマイナスに考えそうなものですけど、その時に僕が思ったのは

「ああ、多分、これは俺が出ちゃいけないんだな」と。

「だったら、こいつらに全部任せて、このまま行こう！　大丈夫！」って思ったから、12月の結構早い時点で出ないことを決めたんです。

そうしたら1・31後楽園を主催するアルファ・ジャパンプロモーションの荒井（英夫）社長に「ウルティモ・ドラゴンが出なかったら、興行が成り立たない」って猛反対されたんですけど「僕はもうできないし、これは運命だから。彼らに全部任せても、心配しないで大丈夫だから」って、押し通しましたよ。

とりあえずクレイジーMAXがいて、マグナムTOKYOがいて、ドラゴン・キッドがいて……マスクマンは何人もいると、初めて観た人は誰が誰だかわからないから、キッド1人にしたんです。彼にドラゴンのマスクを被せたのは、僕の勘ですね。「お前、運動神経がいいな。じゃあドラゴン・キッドだ」っていう感じです。


日本逆上陸第1弾のメンバーはクレイジーMAX、マグナム、キッドだけでなく全員がキャラとフィニッシュ技を持っていた。

地味な印象を受ける神田裕之には下剋上エルボーというフィニッシュ、新井健一郎には

蹴った相手の足が痛くなるほどの石頭というセールスポイントがあり、SAITOはカンフー・スタイルで華やかにし、堀口元気（本名は博正）はボクシング漫画『がんばれ元気』の主人公の名前をリングネームにして、その主題歌をテーマ曲にしていた。

そして人気者になったのが、TBSテレビの『8時だョ！全員集合』と土曜夜8時に視聴率戦争を繰り広げたフジテレビのお笑い人気番組『オレたちひょうきん族』の中で明石家さんまが扮したブラックデビルをモチーフにしたストーカー市川。多留嘉一（TARU）とのお笑い抗争は闘龍門の名物になった。

ウルティモが培ってきた〝わかりやすくて、一度観たら忘れない〟というコンセプトが徹底されていたことも闘龍門が成功した大きな理由のひとつだろう。

堀口はまだサーファーじゃなかったですね（笑）。堀口のサーファーは、TARUさんが考えたと思うんですよ。

TARUさんは、WARに武輝道場の空手家として上がってましたけど、基礎からプロレスをちゃんと学びたいっていうことで98年の11月からメキシコに来て、ウチのコたちと一緒に練習していたんです。

で、TARUさんが「このコ、サーファーが似合うんじゃないですか?」って。だから、自分だけじゃなくて、諏訪とか黒木とかの生徒さんたちの「こういうのがいいんじゃないですか?」っていうアイデアを聞いて「それじゃあ、そうしな」っていう形でみんなのキャラクターができていったと思います。

ただフィニッシュの技に関しては、自分が厳しくやりましたね。僕は、使える技はドロップキックとボディスラム、フィニッシュは逆エビ固めっていうような日本の若手選手の下積みをやったことがないからわからないんですよ。

だから、わかりやすい名前、キャラクター、フィニッシュ……自分からしたら、普通のことをやっただけです。結果、日本逆上陸は自分の想像を超える大成功だったと思います。

その後、武輝道場の岡村隆志、望月成晃、TARUさんを吸収合併するという形で闘龍門ジャパンが船出しました。

その時に会社として運営していくのであれば、社長は岡村さんで、TARUさんがマネジメントしてくれて、自分はあくまでも今まで通りにプロデュース、マッチメークをやるという形で闘龍門ジャパン設立の流れになったんです。

ターゲットは女性と子供

闘龍門ジャパンは99年7月4日、博多スターレーンにおける『ドラゴン・キャラバン』開幕戦で団体として旗揚げ。闘龍門の卒業生は闘龍門ジャパン所属選手となり、闘龍門ジャパンはシリーズの開催、他団体への選手派遣、そして選手の育成という団体＋ジムの組織として発進した。

ウルティモ・ドラゴン不在でスター選手のいない闘龍門ジャパンは、スポーツ新聞や専門誌で大きく取り上げられることは少なかったが、独自の手法で従来のプロレスとは違うファン層を開拓して、新たなプロレス文化を作っていった。

最初からメディアとして新聞は意識しなかったですね。変な話、闘龍門はいわゆるメジャー団体ではなかったじゃないですか。別に週刊プロレスと週刊ゴングだけで十分だと思っていたし、地上波はなくてもスポーツ専門チャンネルのGAORAでテレビ放送していたから、それだけあれば十分だと。

あとは東京に関して言えば、選手たちが営業すればそれでいいっていう感じでした。ファンに関しては、既存のプロレスファンっていうのは猪木信者であり、馬場信者であり、三沢信者であり……そういう信者的な人をこっちに振り向かせて取り込むのは難しいなと思っていました。

それに当時は団体が乱立していたじゃないですか。仮にプロレスファンが100人しかいないとしたら、その枠からお客さんを取り合うのは大変ですよね。だから、まったく関係ないところから、プロレスファンじゃない人たちを闘龍門ファンにした方が早いんじゃないかと。「プロレスは観たことないけど、闘龍門は観ます」っていう人を作った方が早いと思ったんです。

従来のプロレスファン……そういう信者の人たちが好むのは、いかにもプロレスラー然とした選手だと思うんですけど、僕らはまったく違うカラーなんで、お客さんを新規開拓しなきゃいけないと思った時に、世の中のいろんな商売を見ていて、エンターテイメントは女性と子供に人気が出れば、ある程度は成功できるんじゃないかっていうのが僕の考えでした。

高校時代に戦隊モノのショーのアルバイトをしていましたけど、来るお客さんはみんな子供でした。で、子供はひとりでは来られないじゃないですか。絶対に母親が付いてくるんです。だから親を連れてくる子供のファンは大切な存在なんですよ。

あと、お客さんを新規開拓しなきゃいけないと思った時に、女性客もターゲットでしたね。ルックスのいい若いにいさんたちをリングに上げれば、女性のお客さんが来るんじゃないかと。まあ、最初はその程度の発想でしたね。

「マグナムTOKYOって、本当にAV男優だったの？」っていう感じで会場に足を運んでもらっても、それはそれでいいんです。お客さんが集まればそれでいいんですよ。

昔のレスラーの人たちは「あんなのプロレスじゃない」とかって言っていた思いますけど、そういう意見もあってもいいと思いますよ。

その頃、橋本（真也）さんにお会いした時に「そんなもん、客呼んだ人間、金稼いだ人間が勝ちだから、お前はそれで頑張れ」と言ってくれたんですよ。僕はどれだけこの言葉に勇気づけられたか。どんな批判があってもいいと思っていました。

橋本さんは、通いの練習生時代には厳しい人だったんです。猪木信者で、新日本愛が凄く強い人でしたから、わけのわからない人間が来ると、新日本を守ろうとして撥ねつけるんですよ。メキシコに行く時も「そんなに甘くねぇぞ！」って言われました。

メキシコでデビューして、日本に帰ってきて、お会いした時に凄い形相で睨んできたから「何か怒られるのかな?」って思ったんですけど「よく頑張ったなあ!」って。それで、お小遣いをいただいたんですよ。

それからは親しくさせていただいていました。橋本さんは真っすぐで温かい人ですよね。僕は大好きでした。

WCWから得た手法

従来とは違う層のファンを取り込む闘龍門は、初めて会場に足を運んだ人にもそれまでの流れがわかるシステムを作った。

試合開始前にマグナム、CIMA、望月といった各ユニットの選手が登場して舌戦を展開し、そこから今までの流れがわかるのだ。現在もドラゴンゲートの選手は喋りがうまいが、その原点は闘龍門の舌戦にあった。

あれはWCWの『マンデー・ナイトロ』の手法ですね。『マンデー・ナイトロ』では、必ず最初にハルク・ホーガンとかが登場してきてマイクパフォーマンスをやって、先週までの流れのおさらいをやっていたんですよ。

だいたい1週間もすれば、みんな忘れるじゃないですか。だから先週にはこういうことがあったとかっていうのをおさらいして、それに対して文句を言う奴が出てきて「今日、決着をつけようじゃないか!」ってことになって、最初のマイクでその日のメインが決まったりするんです。

今は、どの団体も全部のマッチメークを発表しますけど、それを僕は一切やってなかった。大会が終わって、その日の流れを見た上でマッチメークを考えて、それを紙に書いて渡して「明日はこれで行くから」って決めていました。

試合中に自分が予想していない展開になったりとか、選手が怪我をする時もあるし、終わってみないとプロレスはわからないじゃないですか。自分はこういう流れにしたいんだけど、違う選手がブレイクしちゃうとか。だから、あんまりマッチメークをガチガチには固めていなかったです。

最近のプロレス団体は事前に物凄くガチガチに固めて発表しますけど、僕らが子供だった頃って、当日にカード発表してたと思うんですよ。テレビ中継のある大会とかで事前に発表するとしても、せいぜい上の2〜3試合ぐらいでしたよ。それでいいと思うんです。

子供の頃に会場に観に行って、試合前に初めてカードを知って「今日はアントニオ猪木、6人タッグマッチだな」って。地方だと絶対に6人タッグマッチで「ああ、また猪木さんは1分か、2分で終わりだろうな」って（笑）。

僕が闘龍門のマッチメークをしていた時は、後楽園ホールも発表していなかった。発表していたとしても、当日に変えたりとか。もちろん、髪の毛を賭けた決着戦とかっていう重要な試合は変えないですよ。

昔、新日本でよくファンの暴動騒ぎがありましたけど、あれを物凄く簡単に説明すると、両国国技館のメインとか、そういうことをしちゃいけない時に不透明なことが起こるからですよ。極端な話、後楽園ホールだったらいいんですよ。でも外しちゃいないところで外したから暴動が起こっちゃうんです。

でもプロレスは不透明があるから面白い。両者リングアウトがある、反則がある、レフェリーが見ていないところで悪いことをしたとか、そういうことをすべて含めてプロレスは面白いんです。

馬場さんの全盛期、猪木さんの全盛期も不透明なことがあったじゃないですか。でも、そ

01年11月13日、T2P日本上陸は「異例」尽くめだった

れをやめて、すべて綺麗に完全決着っていう流れになって、それをファンが支持して白か黒かのプロレスになりましたけど、そのプロレスは続いていないでしょ？　無理なんですよ。

白と黒だけじゃなくて、グレーもある。不透明でいいんです。それがプロレスだし、人生ですからね。もちろん絶対に決着をつけなきゃいけない局面もありますけど、何でもかんでも白黒付ける必要はないんです。

別ブランドT2Pを作った理由

闘龍門の日本逆上陸から1年10ヵ月、闘龍門ＭＥＸ－ＣＯから新たなブランドが日本上陸を果たす。ジャーベ（関節技）を主体とするルチャ・リブレ・クラシカ（古典ルチャ・リブレ）……翼を持たないルチャを身に付けた5期生以降の闘龍門プロジェクト２０００（Ｔ２Ｐ）が01年11月13日に後楽園ホールでお披露目興行を開催したのだ。

六角形のリングを使用し、メインイベントではミラノ・コレクションＡ.Ｔ.が闘龍門ジャパン所属のＮＷＡ世界ウェルター級王者・斎藤了と60分３本勝負で戦って、バタフライロック、A・Tロックで2－0のストレート勝ちをするという衝撃の日本デビューを果たした。

T2Pの主要メンバーはミラノ、YOSSINO（現・吉野正人）らのイタリアン・コネクション、アンソニー・W・森らのロイヤル・ブラザーズ、大鷲透などの無所属に分かれて、自主シリーズを定期的に行い、闘龍門ジャパンとは違う価値観を確立した。

02年10月から闘龍門ジャパンのシリーズに参戦するようになってからは最大ユニットとなったイタリアン・コネクションとクレイジーMAXの抗争を軸に対抗戦に突入。そして03年1月27日の後楽園ホールにおける興行を最後に解散し、闘龍門ジャパンに合流した。

闘龍門ジャパンも年数を重ねると、やっぱり序列みたいなものができるんですよ。そこから新たにスターを作るというのは難しいと思ったんです。だから、どこかでパシッと線引きをして、新しいグループを作ろうというのがT2Pのスタートです。

照井（章仁＝ミラノ）をいきなり闘龍門ジャパンに出して、上の選手に挑戦させても面白くないじゃないですか。だからまったく違う価値観で別グループを作って、将来的にはそれで対抗戦やったら面白いと考えたんですよ。

照井、吉野には「お前らはこっちのグループのトップだからな」と。そうしたら彼らにもトップスター選手の自覚が芽生えますから。「これからこういうストーリーになるぞ。だからお前らはちゃんとこういうことをしろ」という話をしました。

六角形のリングにしたのは、考え方の違うレスラー同士がぶつかったら、お客さんが沸くと思ったからです。新日本とUインターの対抗戦もスタイル、思想が違うレスラーがぶつかり合ったから沸いたし、新日本にUWFが戻ってきた時に木戸修さんとか、山崎（一夫）さんがロープに飛んだ時も凄く沸いたじゃないですか。

ファン時代の記憶、プロになってからの経験もそうだし、そういうプロレスのヒントは頭の中にいっぱい詰まっていましたね。何もないところから発想は浮かばないので。

イタリアン・コネクションを作ったのは、僕がイタリアにハマっていたからです（笑）。初めてイタリアに行った時、ローマにあるスペイン階段を訪れたら、その場所をクローズしてファッションショーをやってたんですよ。で、照井ってヒョロヒョロしてたけど、クールな顔をしてるから、その時にパッと閃いたんですよ。

それで照井に「お前、今日からファッションモデルだからな」と言って、それがミラノ・コレクションA.T.誕生のきっかけです。A.T.はアキヒト・テルイのイニシャルです

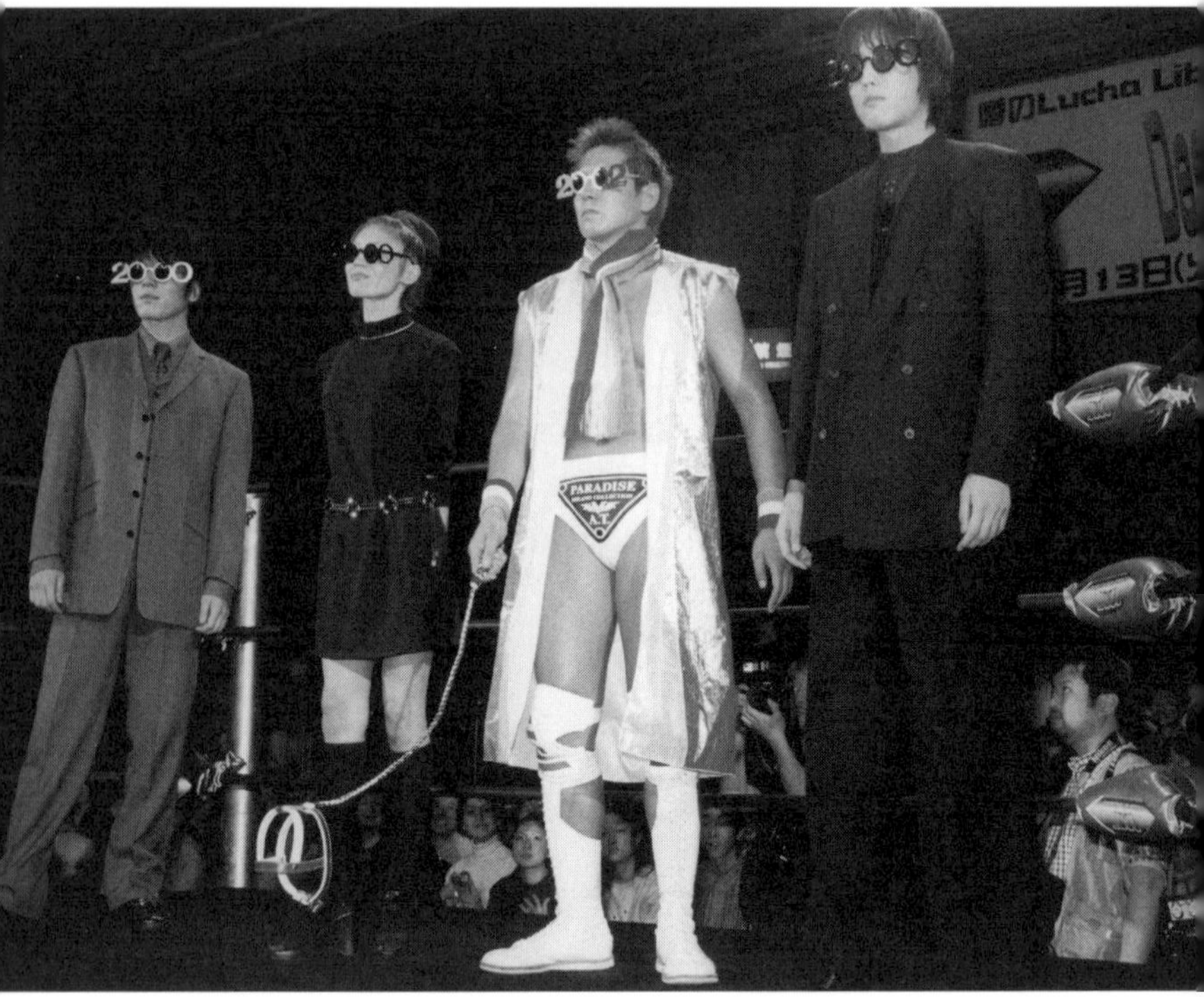

ミラノ・コレクションは透明犬ミケーレを連れて入場

（笑）。

ミラノのトレードマークになったフレームが年号になっている派手なサングラスはフロリダのディズニーワールドに行った時に、観光客が着けていて面白いなと思ったんです。で、『101匹わんちゃん』のブースがあって、実はそこで透明犬ミケーレに使うハーネスが売ってたんですよ。パッと見た時に本当に犬を連れていると思って「あれっ？」って（笑）。

それを買ってきて、照井に「これを持って入場しろ。こうやって歩くように」と。それで透明犬を連れてモデルのように入場するキャラが誕生したんです。

照井は、僕の想像以上にキャラクターも試合スタイルも完璧にこなしていましたよ。「アルマーニのブラックとエンポリオと、全部違いを憶えてインタビューで説明しろ」「モデルのアルバイトをしていたと言い通せ」っていう話をしたら、ブランドもちゃんと覚えていたし、モデル然として受け答えしてましたからね。

試合にしても、空中殺法をやりつつも、あくまでもジャーベ主体のスタイルだからと言ったら、ちゃんと理解して試合を構成していましたよ。今、新日本でテレビの解説をやっているのもわかりますよ、頭がいいコでしたよね、照井は。

近藤（修司）をコンドッティ修司にしてイタコネに入れたのは、スペイン坂広場の正面に続く、日本で言えば銀座みたいな超高級ブランド店が並んでいる通りがあって、その名前がコンドッティ通りだったからですね。「コンドッティなら近藤だな」って（笑）。まあ、ロイヤル・ブラザーズはちょっと無理がありましたね。全部が全部、ブレイクするわけじゃないですよ（苦笑）。

市川に続くお笑いキャラとしては大柳（錦也）をフィリピンのルソン島からメキシコに流れ着いた日本兵の大柳二等兵、その後は受験生キャラにしましたけど、プロレスってお笑いもあった方がいいじゃないですか。

昔は新日本だと荒川（真＝ドン荒川）さんがやっていたし、全日本だとジャイアント馬場さん、ラッシャー木村さんのファミリー軍団と永源（遙）さん、渕（正信）さんたちの悪役商会の試合があったじゃないですか。サーカスにはピエロいるじゃないですか。ああいう箸休めも必要なものだと思うんです。

全部が全部、怖い試合ばかりではなくて、何かひとつぐらい相撲の初っ切りみたいなのがあってもいいという発想ですよ。

あと、プロレスファン時代の記憶から生まれた発想は鯱魔神3号（佐藤秀＝バラモンシュウ）と鯱魔神4号（佐藤恵＝バラモンケイ）ですね。新日本のマシン軍団にも3号、4号がいたから出しただけなんですけど（笑）。

あのコたちは双子だけど「いきなり双子のコンビで売り出すより、同じマスクを被らせて、脱いだら、同じ顔が出てきたら面白いなあ」って思ったんですよ。ただそれだけですよ。

T2Pの後もどんどん出していかなきゃいけなくて、02年には闘龍門Xをプロデュースしましたけど、自分の中では「これ以上はちょっと無理だな」っていうのがありましたね。アイデア的にもパンクしそうだし、人数も増えていくし。

だから最後に僕が売り出したのは石森太二です。武藤（敬司）さんがK－1やPRIDEと組んでやっていたW－1の東京ドーム大会（03年1月19日）っていう大きな舞台で日本デビューさせて。当時、石森は19歳だったのかな？　イメージとしてはジャニーズのアイドル的な売り出し方をしたかったんですよ。「このコはスターになるだろうな」っていう僕の直感です。

その後、石森と素顔になった双子（バラモン兄弟）をセーラーボーイズっていうアイドルユニットにしましたけど、あれはまあ……失敗作ですね（笑）。

02年9月8日、有明コロシアムで望月成晃とのエキジビションでリング復帰

でも、そういったプロデュースができたのは、自分がリングに上がって試合をしてなかったからだと思いますよ。みんなの試合をじっくり観て、もちろん駄目出しもして、細かくやってましたから。

現役復帰の真相

ずっと『校長』という肩書でプロデュースに専念していたウルティモだが、02年9月8日、有明コロシアムで望月成晃とのエキジビション10分間という形で4年ぶりにリングへの復帰を果たした。

正式な試合ではないため、マスクもタイツも練習用というスタイルだったが、フライング・ローリング・ソバットやブファドーラ、トペ・レベルサなどを披露。ブランクを感じさせないファイトでファンを喜ばせたものの、望月のキックが左肘に入って動けなくなり、レフェリーを務めた山本小鉄はレフェリー・ストップの裁定を下した。

その後、ウルティモはメキシコとアメリカで4試合をこなし、12月20日の後楽園ホールで正式にカムバック。ドラゴン・キッドと師弟コンビを組んでウルティモ・ゲレーロ＆レ

02年12月20日、後楽園で正式復帰を果たした

イ・ブカネロと対戦し、ゲレーロにドラゴン・スリーパーで勝利した。

手術ミスが原因で引退するというのは、自分の中では納得できなかったんですよ。それで日本の主治医が腱を結んだりとか、いろいろな手術をして「何とか現役復帰できるように私がサポートします」と後押ししてくださって。

だから僕はその先生の気持ちにも応えたかったし、ファンの人の期待もあるし、とりあえず1試合だけやろうかなと。ブランクも結構長かったし、プロデュースもうまくいってたんで、当初は本格的な現役復帰までは考えてなかったです。

でも、ちょうどその頃、実は僕と闘龍門ジャパンサイドの考えの違いとか、いろんなことが出てきて「自分はもうここにいない方がいいかな」と思ったんですよ。

社長を任せた岡村さんとはWARの時には仲が良かったんですけど、多分、闘龍門ジャパンがガーッと波に乗った時ぐらいかな……。それはいい意味でも悪い意味でもなく、すれ違いがあったのは事実です。

そういう状況だったから現役に復帰して、とりあえず違うステージに行った方がいいと判断したんです。

リングに復帰した時の左肘は……痛みは今もずっとありますよ。痛みもあるし、握力もないです。実を言うと、あの頃の方が今より状況がよかったんですよ、それがさらに悪くなったのは、リアル・ジャパンで三沢（光晴）さんとやった時（08年12月4日、後楽園ホール＝初代タイガーマスク＆ウルティモvs三沢＆鈴木鼓太郎）です。手がまったく動かなくて「これはまずいな」と思ったほどでした。今もって完治はしていません。

復帰した頃は、そこまでひどい状況ではなくて「これだったら何とか行けるかな」と思いました。自分の中では、昔やってたのが100としたら、60ぐらいの感じでしたけどね。

第9章

WWE

WWEを選択した理由

2002年12月20日に日本で正式カムバックを果たしたウルティモ・ドラゴンは、その後、闘龍門ジャパンに選手としてレギュラー参戦していたが、03年5月7日に高輪プリンスホテルで記者会見を行い、WWE（当時はWWF）入団を発表した。

前年9月8日に有明コロシアムでエキシビションマッチながら4年ぶりに復活した後、メキシコに戻る前にロサンゼルスで同月22日に開催されたWWEのビッグショー『アンフォーギブン』を視察してビンス・マクマホン代表、WCW崩壊後にWWEに移籍して『ロウ』のGMになったエリック・ビショフらと歓談していたのだ。

03年に入って3月1日に横浜アリーナで開催されたWWE『スマックダウン・ツアー』ではクリス・ジェリコを激励に訪れ、シェイン・マクマホンとも歓談した。

そうした流れの中で、副社長の要職に就いていたジョニー・エースと話し合いのテーブルに着いて正式契約に至ったという。

ウルティモは従来のコスチュームだけでなく、ジョージア州アトランタの特殊技術製作会社に依頼した立体感のある黒い龍の新マスクとコスチュームを用意してWWEに向かった。

僕が欠場している間に、あんなに勢いがあったWCWが一気に崩れて、WWEが興行戦争に勝ったじゃないですか。だから、どんな凄い団体なのかを知りたくて、日本からメキシコに戻る時にロサンゼルスで観に行ったんです。

その次は、ロックが日本に初めて来た時に横浜アリーナに観に行って、ロックの対戦相手としてクリス・ジェリコが出場していたんで、控室に行っていろいろ喋って「WWEの勢いは本当に凄いな、世界中で試合ができるわけだし、ここで何とか仕事ができたらいいな」って思いましたね。

ロックとも会いましたけど「いや、凄いレスラーが出てきたな。この人は何かレスラーじゃなくて、人間としてのオーラが凄いな。この人だけ何か特別だな」って思ったんですよ。うまく説明がつかないけど、そういう印象を受けましたね。そのあとハリウッドスターになって成功して、今はプロレスの枠を超えて、世界中が認めるスーパースターです。

あとはジェリコもそうだし、ディーン（マレンコ）とかクリス（ベノワ）、エディ（ゲレロ）とか、ＷＣＷで一緒にやっていた選手が大勢活躍していた。自分はずっと休んでいたから、きっと悔しい部分もあったと思います。「自分も彼らと同じ土俵でやりたい」という気持ちですね。

それに闘龍門ジャパンでの自分のアイデアに煮詰まっていたし、「そろそろ潮時だな」と思っていたから、いい機会でもあったんじゃないですかね、ＷＷＥ行きは。

リスペクトに応えられず

ウルティモのWWE初戦は5月26日、アラバマ州モービルでの『ロウ』の煽りTVショー番組『サンデーナイト・ヒート』のダークマッチ。立体的なマスクの新コスチュームで登場してリコとシングルマッチを行い、現地ではアサイ・ムーンサルトと呼ばれるラ・ケブラーダを決めて、最後はラ・マヒストラルで勝利した。

翌27日はフロリダ州ペンサコーラでの『スマックダウン』の煽りTVショー番組『ベロシティ』のダークマーチに従来のコスチュームで出場してクラッシュ・ホリーに鎌固めで

勝利。番組中に〝ULTIMO DRAGON COMING SOON!〟の告知が流れたことから『スマックダウン』所属になることが決定的になった。

その後、『ベロシティ』のダークマッチ、ストーリー上はデビューしていないにもかかわらず、『スマックダウン』のハウスショーの試合に連日出場。

アメリカでの5年間のブランクを埋める1ヵ月の調整期間を経て、6月24日に世界の檜舞台マジソン・スクェア・ガーデン（MSG）の『スマックダウン』生中継のセミファイナルでシャノン・ムーア相手に正式デビュー戦を迎えた。

テレビで「考案者はウルティモ・ドラゴン！」と1ヵ月にわたって宣伝されていたアサイ・ムーンサルトを鮮やかに決め、最後は新たなフィニッシュ・ホールドのアサイDDTを決めて快勝すると、WWEクルーザー級王者のレイ・ミステリオJr.がリングに駆け上がってウルティモを祝福してベビーフェースを印象付けた。

セミファイナルでのデビュー、ミステリオの演出といい、いかにWWEが期待を寄せているかがわかる破格の待遇だった。

しかしドレッシングルームでのウルティモの表情は冴えなかった。

03.5.26アラバマ州モービルの初戦は新コスチュームで

正直に言うと、最初はロード（巡業）に付いていけなかったんです。5年もそういう生活をしていなかったじゃないですか。凄く体が疲れていて、ジョン・シナがエナジードリンクを買ってくれたりして励ましてくれました。

そんな中で「正式デビューはいつなんだ?」って、物凄く焦ったことは確かです。でもWWEは凄く僕に対して期待……じゃないですね。僕のことをリスペクトしてくれたと思うんです。

一切説明もされていなかったから、僕は全然わからなかったんですけど、『スマックダウン』のGMのステファニー・マクマホンは、僕の夢がMSGでデビューすることだっていうのをなぜか知っていて、わざわざMSGのセミファイナルで僕のデビュー戦を組んでくれたんです。最大のリスペクトを示してくれたんですね。

クルーザー級チャンピオンのミステリオがテレビ解説席に付いて僕のことをパブリシティしてくれて、試合後にはリングに駆け上がって勝利を祝福してくれるという演出までしてくれましたからね。

でも、その時点で僕にはMSGでセミファイナルを張れるような力がなかったんですよ。あまりにもブランクが長かったのは言い訳になりません。自分はその程度のレスラーだっ

03年6月24日、満を持してMSGで正式デビュー

たということです。

僕が思うに、デビュー戦のビッグマッチの中でもしょっぱい試合の3本の指に入ります。試合が進むにつれて、お客さんが容赦なくブーイングを浴びせてきましたから。

対戦相手のシャノン・ムーアは凄くいいレスラーなのに、僕があのポジション、あの役割の準備をきちんとできていなかったということです。まるで夢のような舞台を用意してくれたWWEの首脳陣には感謝しています。しかし、その期待に応えられなかった自分が不甲斐なかった。

WWEという組織

キャラクター的には従来のウルティモ・ドラゴンのままだが、入場時に忍者の印を結ぶポーズ（手を組んで両手の人差し指を立てるポーズ）を取ると、炎が上がる演出が用意された。ただフィニッシュ・ホールドは、WCWで使っていたドラゴン・スリーパーはジ・アンダーテイカーが『テイク・ケア・オブ・ビジネス』という名前でフィニッシュにしていたために使うことができず、アサイDDTを考案した。

WWEデビュー戦の相手は試合巧者のムーア

6月24日の『スマックダウン』での正式デビュー後、ウルティモの主要対戦相手になったのはWCWでカズ・ハヤシ、ジミー・ヤンとヤング・ドラゴンズなるオリエンタル・ユニットのヤング・ドラゴンズを結成していたジェイミー・サンことジェイミー・ノーブル、ZERO－ONEで人気を博したスパンキー、WCWとWWEでクルーザー級王者になったビリー・キッドマンらのクルーザー級の選手たちだ。

9月7日のフロリダ州サンライズ、翌8日のジョージア州コロンバスでレイ・ミステリオのクルーザー級王座に連続挑戦（ベビーフェースマッチ）、10月7日、コネチカット州スタンフォードではTAJIRIとの日本人対決に敗れた。

ウルティモがWWE入りした時、TAJIRIはエディ・ゲレロとのコンビでWWEタッグ王者、このシングル戦の時はミステリオJr.からクルーザー級王座を奪取したばかり（9月25日）で、クルーザー級のヒールのトップだった。

当時、日本人レスラーとしてフナキ（船木勝一）もいて、フナキはベビーフェースだったため、04年1月20日のミネソタ州ミネアポリスではウルティモ&フナキの日本人コンビでダニー&ダグのバシャム・ブラザーズの世界タッグ王座に挑戦した。

さらにTAJIRIがアキオ（ジミー・ヤン）、サコダとキョーダイ（兄弟）なる日系ヒ

入場シーンはファイヤーのド派手演出

ールユニットを結成したことにより、ウルティモ&ミステリオJr.&キッドマンvsキョーダイなども実現している（04年3月2日、ジョージア州サバンナ）。

入場時のファイヤーの演出は、『スマックダウン』のロード・エージェントをやっていたディーンが「何かポーズを決めてくれ」って言うから「こういうのがいいんじゃないか？」って。そんな話だったと思います。

フィニッシュに関しては、僕はもともとドラゴン・スリーパーにこだわりはなかったですよ。いまだにアメリカに行ったら「ドラゴン・スリーパーをやってくれ」って言われるんですけど「俺、ドラゴン・スリーパーなんかやってたかな？」ぐらいの感覚です（笑）。

アサイDDTを作ったのは、多分、ディーンとかWWEの幹部の人たちに「新しいフィニッシュを考えてほしい」と言われたからですね。

それまで使っていたラ・マヒストラルとかでもよかったんですけど、アメリカのファンはストーンコールドのスタナーとか、ハルク・ホーガンのギロチン・ドロップとか、ドーンと決まる技が好きだというイメージがあったんで、クルッと回って自分のキャラの空中殺法的な要素を取り入れつつ、ドーンと決まる技ということで、考えたんです。

だから、そんなじっくり考えてやったわけじゃなく、何となくイメージが浮かんで、やってみたっていう感じですね。

当時の『スマックダウン』にはＴＡＪＩＲＩ、フナキと日本人が２人いて、彼らに助けられました。あの時はクルーザー級のトップ・ベビーフェースにミステリオがいて、ヒールのトップはＴＡＪＩＲＩです。

ＴＡＪＩＲＩとはシングルでも戦いましたけど、彼の一番のハイライトの時期じゃないですか。フナキは世話人的な感じで、ＷＷＥに行った多くの日本人レスラーが助けられたと思います。

ＷＷＥのクルーザー級は、みんなハイレベルな選手で、あの時、感じたのはアメリカのクルーザー級というか、体の小さい選手っていうのは、クリス・ベノワの影響を物凄く受けていたことですね。動きがそっくりなんですよ。

「エディ・ゲレロじゃなくて、みんなクリス・ベノワなんだなあ」と思いましたよ、ロープの振り方とか。

ＷＷＥの仕組みは、『ロウ』の方は出たことがないのでわからないですけど、『スマックダウン』ではロード・エージェントがディーン・マレンコで、その他にそれぞれの試合を担当するエージェントがいて、試合の方針を決めていました。ハウスショーは意外と緩くて自由でしたね。

で、現場を仕切っていたのは副社長のジョニー・エースです。ジョニー・エースはずっと全日本プロレスにいましたよね。で、聞いた話では、彼がWWEに行った時に、全日本で学んだ何千通りものフィニッシュを全部インプットしていて、それでビンス・マクマホンさんに高く評価されていたみたいです。

ジョニー・エースは日本人が好きだからいろいろアドバイスしてくれました。『スマックダウン』の生中継だけでなく、ハウスショーも数多くあり……やっぱり5年のブランク、自分の力不足ですね。

あとWWEに行って思ったのは、WCWのエリック・ビショフさんは雇われ社長でしたけど、WWEのビンス・マクマホンさんはオーナーで絶対的な権限があったということです。

WCWはレスラーに権限を与えすぎちゃって、ある時にレスラーの力の方がデカくなって、それでバランスが崩れたんですよ。

WWEに関しては、それは100%ないです。唯一、ビンスさんと普通に話ができるのはアンダーテイカーだけって聞きました。あとは誰もいないと思います。

ビンスさんには先代のシニアから引き継いだ、常人には理解できないようなプロレス観というのがあるんですよ。それは、あの人の信念になっていて、絶対に揺らがないです。ハートも凄く強い人です。

ビンスさんはすべてが別次元の人なんですよ。だからWWEが世界制覇したのは当然だし、僕は短い期間でしたけど、そういう人の下で仕事ができたことは今のプロレス人生に大いにプラスになっています。

WWEで日本人選手が成功するには……運ですね。運もそうですけど英語力も大きいと思います。なぜならビンスさんのプロレス観の中では、レスラーはムービーの登場人物。だから英語を喋れない人は、中心人物にはなれないんですよ。それって当たり前ですよね。

日本人で、本当にWWEでトップを取れるとすれば……WWEの中でのグレート・ムタっていうのは見てみたかったですね。あの人は唯一、日本人でトップを取る可能性があったと思いますよ。

サイズがちょっと日本人離れしていて、レックス・ルガーやリック・フレアーより全然デカいじゃないですか。それでいて、クルーザー級のレスラーより速い動きをする。あん

02年9月22日にロサンゼルスでビンスと歓談した時のウルティモ

な人は特別ですよ。それにグレート・ムタは言葉がいらないキャラですからね。

日本のプロレスには力道山、ジャイアント馬場、アントニオ猪木、タイガーマスクの4大ヒーローがいますけど、その4大アイコンも全部ひっくるめて、僕が思うベストのレスラーは武藤敬司ですよ。体の大きさとか技とかすべてひっくるめて僕の中では、ダントツに飛び抜けています。

メキシコでの悲しい事故

これは初めて話すことですけど……WWEに出始めてしばらくした時に、メキシコで事故があって、生徒さんがひとり亡くなったんです。

事故は、アメリカからメキシコに戻った時に起こりました。朝、道場から「練習中に事故が起こりました」と連絡が入ったんです。病院のドクターからは「非常に危険な状態です」と説明がありました。

急遽、生徒さんのご両親にもメキシコに来ていただきました。しかし残念ながら彼は入院してから3日後に息を引き取りました。

あの時に、人の命を預かる責任の重さを痛感しました。闘龍門にとって一番悲しい出来事でした。

僕は、ジョニー・エースに事情を説明しました。「闘龍門の責任者として、彼のご遺体とご両親を日本に連れて帰らないといけない」と伝え、WWEの試合を欠場することにしました。

ステファニーからの提案

デビュー前後はプッシュを受けたウルティモだったが、結論から言えば、WWEではクルーザー級部門のトップグループ入りすることはできなかった。

クルーザー級王座にはミステリオJr.、TAJIRI、チャボ・ゲレロ（Jr.）と、その時々のチャンピオンに挑戦したがベルトには手が届かず、最後のハイライトとなったのは04年3月14日のMSGにおける『レッスルマニア20』への出場だ。

それまで日本人レスラーで『レッスルマニア』に出場したのは90年大会でタナカ（パット・タナカ）とのオリエンタル・エクスプレスでショーン・マイケルズ&マーティ・ジャ

ネッティのザ・ロッカーズに勝ったサトー（佐藤昭雄）、91年大会でスマッシュ＆クラッシュのデモリッションに勝った天龍源一郎＆北尾光司、98年大会でアギラ相手にＷＷＥライト・ヘビー級王座を防衛したＴＡＫＡみちのくの4人のみ。

この04年大会にはウルティモ、ＴＡＪＩＲＩ、フナキの3人がオープンマッチ形式のクルーザー王座戦の9人の挑戦者枠にエントリーされた。

オープンマッチとは、挑戦者がシングルマッチを行い、最終的に勝ち抜いた選手が王者のチャボと対戦するというもので、最初に試合を組まれた選手がチャボとの戦いにたどり着くためには8人に連続で勝たなければいけないという過酷なもの。

ウルティモは第1試合でムーア戦を組まれ、これには勝ったものの、続くノーブル戦で敗退してしまった。この出場順でも当時のウルティモの扱いがわかる。ちなみにＴＡＪＨＩＲＩは7試合目、ミステリオJr.は8試合目の出場だった。

1ヵ月後の4月13日、インディアナ州インディアナポリスでの『ベロシティ』収録でヌンジオに敗れたのを最後にウルティモはＷＷＥを離れた。

ロードを続ける中で「全然付いていけないな」と感じていた矢先にメキシコでの事故が

あって、一度日本に帰り、再びWWEに合流して、しばらくしてからステファニーが声を掛けてくれて「マスクを脱いでみない?」っていう話になったんですよ。

ビンスさんにとって、登場人物としてのマスクマンはミステリオだけでいいんです。「同じようなキャラが2人いたらお客さんはわかりずらい。キャラが被ってしまうからミステリオ以外にはマスクマンは必要ない」と考えていたみたいなんです。そのビンスの考え方は凄くわかります。僕もその通りだと思います。

でも「マスクを脱げ!」みたいな高圧的な話ではなく、ステファニーはニコニコと柔和に「こういう風にしたいから」と説明してくれました。ちゃんとひとりの人間として僕に接してくれたし、WWEは物凄く僕によくしてくれたと思います。

それで「まあ、自分にもヒストリーがあるので、すぐにパッとマスクを脱ぐことはできないから、ちょっと時間をください」って言って、休養をもらう形にしたんです。

実はメキシコの道場の事故の後に闘龍門ジャパンでも「何で早く報告しなかったんだ⁉」っていう問題が起こっていて、とにかくいろんなことがあったんですよ。正直言って、自分のメンタルはすごくマイナス志向になって、やることすべてが裏目に出ていました。

WWEでは自分に風が向いてないし、メキシコの道場も閉めようとも思いましたけど、オカダ（カズチカ）や大原（はじめ）とかの生徒さんもいたので「最後の仕事として、このコたちを世に送り出すのが俺の役目だ」と思い留まり、気持ちを新たにしました。

だから僕のいろんな部分が甘かったですよね。いい時ばかりじゃなくて、そこが自分の暗黒の時代です。闘龍門ジャパンで岡村さんたちと一緒にやるのはここまでだなっていうのも自分の中にありました。

結果的には、その後にヨーロッパの団体とかに行って、プロレスだけじゃなく、いろいろなものを身につけて、また上がることができたんですよ。

レスラーは、どこにピークを持っていくかなんですよ。若い時にピークを迎えた人は意外に駄目でしょ？　ただ自分の場合はピークが3回ぐらいあるんですよ。自分はそういうところは運がよかったなと思います。

今現在は、いつ辞めてもいいし、今でも「いつまでもやってください」って言われてますからね（笑）。まあ、最後にどんな終わり方をするかって大事じゃないですか。悲しい終わり方だけはしたくないですからね。

第10章
フリーとして生きる

決別の時

2004年4月13日のインディアナ州インディアナポリスにおける『ベロシティ』のTVテーピングでWWEのスケジュールを終えたウルティモ・ドラゴンは4月22日に帰国。出迎えたのは闘龍門ジャパンの人間ではなく、新日本プロレスの上井文彦執行役員だった。新日本は5月3日の東京ドームでのジュニア6人タッグでヒート&タイガーマスク（4代目）&丸藤正道と戦う獣神サンダー・ライガー&金本浩二のパートナーをXと発表していたが、そのXとはウルティモだったのだ。新日本はウルティモがWWEに出場していた時からオファーを出し続けていたのである。

ウルティモは4月25日、闘龍門ジャパンの名古屋国際会議場で新井健一郎&TARU&セカンド土井（現・土井成樹）と組んで堀口元気&ミラノ・コレクションA.T.&YOSSINO（現・吉野正人）&アンソニー・W・森と対戦し、日本初公開のアサイDDTを森に炸裂させて帰国第1戦を飾った。

そして闘龍門ジャパンのビッグマッチの4月28日の代々木競技場第2体育館にも出場し

た上で新日本の東京ドームに出場すると、そのまま新日本の『ベスト・オブ・ザ・スーパージュニアXI』にエントリー。

優勝したタイガーマスク、ガルーダ、ロッキー・ロメロ、中嶋勝彦に勝ち、カレーマンに不戦勝、ヒートと30分時間切れ引き分け、敗れたのは成瀬昌由だけで決勝トーナメントに進出。1回戦で金本に敗れたものの、いきなり日本ジュニア界の最前線で実力健在を証明してみせた。

この後、遂に闘龍門ジャパンとの決別の時を迎える。7月4日の神戸ワールド記念ホールにおける『闘龍門ジャパン5周年記念大会』で中島勝彦を下した後にマイクを手にすると「非常に残念ですけど、ウルティモ・ドラゴンが闘龍門ジャパンで試合をするのは最後になります」と観客に報告したのだ。

翌5日、闘龍門ジャパンは浅草花やしきのフラワーステージで公開記者会見を行い、団体名をDRAGONGATE（ドラゴンゲート）に変更することを発表。フジテレビ開局45周年記念『お台場冒険王2004』スペシャル企画として7月17日から8月31日まで同所に設営されたドラゴンゲート・アリーナで毎日試合を行うことも明らかになった。

一方、ウルティモはメキシコの闘龍門を学校として存続すると同時に、プロレスラーと

WWEから帰国後の04年5月3日、新日本の東京ドーム大会

してフリーで活動していくことを表明。完全に道は分かれた――。

当時のことはいろいろあり過ぎて、あんまり細かいことは憶えてないんですよ。『スマックダウン』は、日本ではフジテレビで放映していたじゃないですか。だから「実はこういう動きがありますよ」とか、いろいろ進行していた裏話をスマックダウンのプロデューサーから全部聞いていたんですよ。

そのプロデューサーは「何か、おかしいじゃないですか⁉」って言ってましたけど、僕は「まあ、別にいいですよ。いまさら俺が日本に戻ってもしょうがないから」って言ってたんです。

当時、僕はどういうコメントを出してます？　多分ですけど「お互いがお互いに必要ではなくなった」という表現をしていると思います。まあ、そういう説明の仕方が一番わかりやすかったと。

「彼らは僕を必要としなくなったし、僕は僕で自由になりたかった。彼らは卒業という言い方をしているけど、卒業するのは彼らではなく、独りで出ていく僕の方です」って言い方だったと記憶しています。わかりやすく言えば、そういうことです。

04年7月4日の神戸ワールド記念ホールの試合後に突如、闘龍門との決別を発表

龍から虎への変身

闘龍門ジャパンを離れたウルティモは、3ヵ月ほど新日本のリングに上がると、10月14日に後楽園ホールで『ウルティモ・ドラゴン　ザ・ファイナル・チャレンジ』を開催。ライガー&ザ・グレート・サスケとトリオを組んで初代&3代目&4代目のタイガーマスクとファイナルマッチinジャパンで対戦し、初代タイガーマスクのタイガー・スープレックスに敗退。この一戦で13年にわたるウルティモ・ドラゴンの歴史にピリオドを打った。

「13年、本当に充実したプロレス人生でした。これから次のステージ……まだまだアメリカが待ってます。まだ、どういうキャラクターが待ってるかわからないけど、ビンス・マクマホンにどんな形で変身させられるか楽しみです。最強じゃなく、せっかくだったら最悪になってきます」と挨拶した。

こうして再びWWEに赴いてヒール・キャラクターに転向することを示唆したが、結局、ウルティモがWWEのリングに立つことはなかった。

04年10月14日の「ウルティモ・ドラゴン　ザ・ファイナル・チャレンジ」で敗北を喫したウルティモは封印を宣言

ＷＷＥ在籍中にステファニー・マクマホンに「マスクを脱いでみたら？」と提案されて、その時は「ちょっと時間をください」ということで、退団ではなく長期休養という形で日本に戻ってきましたよね。

で、闘龍門ジャパンのことにけじめをつけて、メキシコの道場の方も最終章に突入して、レスラーとしても新日本でお世話になって、それで「ようやく準備ができましたよ」とＷＷＥに連絡を入れたら「申し訳ないけど、しばらくあなたに対するプロジェクトはないから」っていうことだったんです。

ＷＷＥの副社長のジョニー・エースもちゃんとレターを書いてくれて、文書で約束を取り交わしましたけど、ＷＷＥにも自分の居場所がないと悟りました。

ＷＷＥはすぐにいろんなプッシュが変わるんですよ。急にいなくなる選手がいるじゃないですか。それはプランがなくなったということで、仕方がないんです。

「残念だけど、今はあなたのストーリーラインはないけど、必要になったらまた連絡するから、その時はよろしく」というのが向こうのスタイルなんです。

「これも運命だ」と受け入れて、向こうには行かずに次の方向性を模索し始めていました。

その後、日本では封印されたものの、メキシコ、アメリカではウルティモ・ドラゴンとしてファイト。年が明けた05年2月13日、大阪府立体育館における大阪プロレスのビッグマッチ『大阪ハリケーン2005』にライガー&ツバサと対戦するスペル・デルフィンのパートナーとしてザ・タイガーが登場した。

虎のマスクにパンタロン風のロングタイツ、レガース姿の2代目ザ・タイガーは、ライガー相手に華麗なラ・ケブラーダを披露。誰が観てもウルティモ・ドラゴン……浅井嘉浩が変身した姿だった。

次に2代目ザ・タイガーが登場したのは同年4月16日のお台場スタジオドリームメーカーにおけるリアルジャパン・プロレスのプレ旗揚げ戦。初代タイガーマスクとタッグを結成して折原昌夫&サスケ・ザ・グレート2号に快勝した。

リアルジャパンの大会プロデューサーに就任した時点で2代目ザ・タイガーが浅井嘉浩であることは周知の事実になったのだった。

2代目ザ・タイガーに変身。写真は05年6月9日のリアルジャパン後楽園大会

タイガーマスクとマスカラスは神の領域

ザ・タイガーに変身したのは、佐山（聡）先生からのリクエストだったか、自分からの希望だったかは憶えてないですけど、ちょっとの期間でもやれたのはよかったと思います。本物のタイガーマスクは神聖な存在。僕がやってはいけないと思っていたんで、ザ・タイガーになれたのはいい思い出です。

ザ・タイガーはもう限定だと決まっていて「レスラー生活の思い出だな」というつもりでやったので楽しかったですね。

だから若い頃にタイガーマスクになりたいと思いましたけど、結果的にやらなくてよかったと思います。リアルジャパンで佐山先生と組んで三沢（光晴）さんと戦いましたけど（08年12月4日、後楽園ホールの初代タイガー&ウルティモvs三沢&鈴木鼓太郎＝三沢のエメラルド・フロウジョンに敗れる）、三沢さんは2代目タイガーのマスクを着けていた時、自分の中で初代タイガーと戦っていたと思うんですよ。

2代目タイガーマスクは、映像もそうですけど、写真を見ていても、いつもつらそうな

三沢との初対決ではタイガードライバーの洗礼も（08年12・4後楽園）

目をして試合をしていると思っていたんですよ。楽しそうに試合をしている写真が1枚もないんです。

当時、僕はレスラー志望のファンのひとりに過ぎなかったですけど「この人は観客、初代タイガーマスクの両方と戦っているんだな」と。

ファンは「タイガーマスクは佐山聡だよ。2代目はタイガーマスクなんかじゃないよ」と感じていたと思うんですよ。三沢さんも十字架を背負わされていることがわかるじゃないですか。それからパッとマスクを取って素顔になって大ブレイクされたのは皆さんもおわかりですよね。凄いレスラーでしたよね。あれはいい決断だったんじゃないですか。

実際に戦ってみた三沢さんは、やっぱり凄く馬力もあるし、ヘビー級の人だと思いましたね。いいエルボーももらいました。力強かったです。

タイガーマスクに関して言えば、その後の3代目の金本もそんな感じで。多分、4代目も悩んでいるのか……。みんな素晴らしいレスラーですけど、タイガーマスクとしては佐山先生は超えられないですよね。

タイガーマスクをやる人は、常に初代と戦っているんですよ。その勝負には勝てないんですよ。そんなの無理ですよ。

フリー転身後は初代タイガーマスクとの対決も

リアルジャパンの旗揚げでは佐山先生に協力させていただきましたけど、僕らはプロレスの話はほとんどしなかったですね。先生の考えるプロレスと、僕の考えるプロレスは全然違うんで、多分、それを話すと噛み合わないので。何となく空気感でその話はしないというのはありました（笑）。

佐山先生と一騎打ちをやった時（08年9月18日、リアルジャパンの後楽園＝ジャパニーズ・レッグロール・クラッチに敗れる）のことは……佐山先生との絡みって、自分の中で特別な空間じゃないですか。だから、どんな試合をしたかをまったく憶えてないんですよ。「遂にこういう時間が来たか」と。僕の中で特別な試合というのは、タイガーマスクであり、ミル・マスカラスです。

タイガーマスク、マスカラスは自分と同じ次元のレスラーと思っていません。自分はまだ、足元にも及ばないような特別な存在なんです。何て言うんですかね……神の領域ですよ。だから頭が真っ白で憶えていないんですよ。

マスカラスとはメキシコシティとかで朝ご飯を一緒にさせていただいて、いろいろな話をしてくれるんですけど、凄くユーモアのある人なんです。

「この前、海で泳いでいて、そのまま手を広げて浮いていたら、気持ちよくなって寝ちゃ

マスカラスは「神」の領域の存在

ったんだよ。そうしたら大きな客船が来てブーッと警笛を鳴らされて、慌てて泳いで戻ってきた」とか「昔、ロサンゼルスにいた時、アーノルド・シュワルツェネッガーがサンタモニカのビーチでボディビルをやってて、素晴らしい体をしていたけど、ポーズが下手だったから俺がポージングを教えた」とか（笑）。

マスカラスの話は本当かどうかはわからないですが、話半分に聞いていると面白いです（笑）。

ドス・カラスJr.が、「ウチの伯父さんは凄い人で、面白い話もいっぱいあるんだけど、あいうファンタジーな話だけはやめてほしい」って（笑）。

今のは笑い話ですけど、ある意味でミル・マスカラスを一言で表現するならスケールがデカすぎます。あの人にしかない特別なオーラがあるんですよ。

1年半ぶりにウルティモ復活

海外では従来のウルティモ・ドラゴン、日本のリアルジャパンでは2代目ザ・タイガーとしてファイトしていた浅井だが、05年7月19日の後楽園ホールにおけるドラゴンドア旗揚げ戦でウルティモ・ゲレーロのCMLL世界ライト・ヘビー級王座に挑戦した際にマスクを剝がされて、半分がザ・タイガー、半分がウルティモのマスクを被った。

そして9月9日の後楽園ホールでのドラゴンドア第2弾でハーフ&ハーフのタイガー・ドラゴンに変身。06年4月16日の後楽園ホールにおける『UD：06』で、1年半ぶりに日本でウルティモ・ドラゴンが復活した。


ドラゴンドアというのは、当時、僕のマネージャー的なことをやってくれていた人たちがいて、ドラゴンゲートに出なくなった選手たちを集めてやりましょうということになって、彼らが「自分たちでやってみたいです」と言うので「じゃあ、お前ら頑張れ」ってことでスタートした話です。

その当時、ホリエモン（堀江貴文）のライブドアが話題になっていたし、ドラゴンゲートがあるなら「こっちはドアだよ」って、ゲートとドアを掛けたら面白いんじゃないかぐらいの感覚でした。

まあ自分としては、別に団体にするとかそういうつもりはなくて、イベントの開催という感覚ですよね。

05年9月9日、後楽園ホールでの「ドラゴンドア第2弾」にタイガー・ドラゴンとして登場した

ドラゴンドアでザ・タイガー・ドラゴンになったのは、WWEの話が流れた後に、すぐにウルティモ・ドラゴンに戻るというのは、ちょっとバツが悪いなと思って。だから要は、一度サナギになって、もう一回成長するみたいなイメージです。ザ・タイガーから半分ドラゴンのタイガー・ドラゴンになって、ウルティモ・ドラゴンに戻れば辻褄が合うなって思ったんですよ（笑）。マスクを半分にした、ただそれだけの話ですよ。そんな深い意図はないです（笑）。

オカダを新日本に送り出した真意

ウルティモ・ドラゴンが復活した06年4月16日の自主興行『UD：06』は、ウルティモ・ドラゴンの２００６年プロジェクトと言うべきものだ。

この大会では岡田かずちか……現在のオカダ・カズチカがメキシコでのデビューから1年8ヵ月にして日本デビューしている。

ザ・グレート・サスケ&アミーゴ鈴木と組んで南野たけし（現・南野タケシ）&マンゴー福田（現・ベアー福田）&パイナップル華井（現・ＫＥＮ°45）のロス・サルセロス・ハ

15歳で闘龍門13期生になった岡田かずちか

ポネスと対戦し、華井をジャーマン・スープレックスで下して見事に初陣を白星で飾った。また第1試合では、現在プロレスリング・ノアのジュニア戦線で活躍している大原はじめが日本デビューしてギジェルモ〝チャンゴ〟秋葉（現ＣＨＡＮＧＯ）に勝利。オカダも大原も、ウルティモがドラゴンゲートと分かれてから育成した選手だ。

闘龍門ジャパン、ドラゴンゲートとは袂を分かっても、メキシコの闘龍門は生徒たちを最後まで送り出すために続けていました。

僕は世界を旅しながら、生徒たちがメキシコ以外でも上がるリングを探さなきゃいけなくて、メキシコを留守にすることが多いので、僕がメキシコにいない時は、ネグロ・ナバーロ先生にお願いしてコーチをやってもらいました。

ドラゴンゲートに行かなかったコたちの中から、スターを出すというのが僕の最後のミッションでしたね。その中で僕が注目したのが若き日のオカダだったんですよ。そこにオカダというズバリ適役がいたんです。

最初、これだけ体格に恵まれていれば、選択肢がいろいろあるのに「何で俺のところに来たのかな?」と思ったんです。本当に金の卵でした。

素質を感じたというか、前田日明さんの若い頃を彷彿とさせるスター性が感じられる佇いでした。最初、生徒さんが入った時に、そのコの目を見るじゃないですか。で、何て言うんですかね、彼には素直さがあるでしょ。素直で、16歳の時にメキシコに来て……穢れがないっていうか。中には何か変なこと企んでいる奴とかっていますけど（笑）、そういうのがまったくないし、欲もないし、純粋なコが入ってきたなと思って。

僕はそれまでに凄い素質があるコを先輩たちが「こいつが出てくるとヤバい」って、シゴキで辞めさせたりとかっていうのを何人も見ているんですよ。日本のプロレス界の悪しき習慣です。だから彼には、意味のない練習とかはやらせないで、ゆっくり時間をかけて大切に育てれば、プロレス界を背負えるようなレスラーになると思ったんです。

１９１㎝の長身は、闘龍門の中では異色だった。常に選手のキャラクターを考えるウルティモが、オカダに「お前は大きいんだから、素早いジャイアント馬場になれ」とアドバイスしたという話は有名だ。

闘龍門にいた頃のオカダは、脳天唐竹割り、ヤシの実割り、12文キック、ランニング・ネックブリーカーなどの馬場殺法を使っていたが、動きの速いルチャ・リブレをマスター

07年7月22日、ウルティモ20周年興行で直接、卒業証書が手渡された

しつつ、スケールの大きなファイトを身に付けたことは現在の〝レインメーカー〟オカダ・カズチカのベースになっているはずだ。

馬場さんの真似をさせていたかもしれませんけど、彼だけサイズが違うじゃないですか。だから、あんまりルチャ・リブレ……「みんなと同じことはなるべくやらないように」とはアドバイスしましたね。まあ、本人はルチャも器用にこなしてましたけど。

それで、このコをどうやって育てるかをいろいろ考えて、それにはやっぱりストーリーを作っていかなきゃいけないんです。急には無理ですよ。

メキシコの道場にライガーさんが来た時に「何か、このコいいね」っていう話になって、「最終的に新日本に行かせたいんですよ」って言ったら、ライガーさんも「俺もそう思うから」って。

で、カナダに遠征した時に「新日本でもう1回、下からやれよ。とりあえずライガーさんに頼んで道場に入れてもらうから」ということを言ったと思うんです。それから具体的な話をライガーさんとしました。

オカダ本人には、本人の希望があったと思いますけど、でも彼は、僕にはああしたい、こうしたいというのは言わなかったです。僕の言うことを信じてくれて、僕の言う通りにやってくれたんじゃないかと思いますね。

ウルティモはオカダをメキシコで試合させるだけでなく、カナダのUWAハードコア・レスリングにも連れて行った。06年10月28日にはオンタリオ州ミシサガで、2人でタッグを組んでアレックス・シェリー&クリス・セービンのモーターシティ・マシンガンズが保持するNWAインターナショナル・ライト・タッグ王座に挑戦している。

さらに07年5月25日のミシサガでウルティモ&オカダvsライガー&プーマが実現。この時にオカダの新日本移籍の話が具体化したのだ。

そしてオカダは07年7月22日の後楽園ホールにおけるウルティモ20周年興行でライガー、闘龍門の先輩で先に新日本に入団していたミラノ・コレクションA.T.とトリオを結成してTAJIRI&折原昌夫&大原相手に闘龍門ラストマッチ。

同期生（13期生）ながら3ヵ月デビューが早かった大原の『Do It! Now』（リストクラッチ式変形フィッシャーマン・バスター）に敗れて、ラストマッチを勝利で飾れなかったものの、試合後にはウルティモがリングに上がって卒業証書を手渡した。

よくオカダのことを聞かれるんですけど、教えたのはプロレスのベースだけ。あくまでレインメーカーとしてブレイクしたのは新日本であり、何よりもオカダ自身のセルフ・プロデュースだと思うんです。平仮名の「岡田かずちか」とレインメーカーの「オカダ・カズチカ」はまったく別のキャラクター。今のオカダの活躍は、自分の生徒さんだったことを考えれば、とても光栄なことだと思っています。

自分の教えたコが、活躍して嬉しくない人はいないと思います。オカダがああいう形で活躍してくれていることで、僕がやっていたことが報われました。

でも、さすがに10人、20人を束にして成功させるのは難しい。みんながみんな、スターにはなれないですよ。だから、その辺がちょっと難しいところなんですけど、岡田、大原……活躍しているコは何人かいますけど、何とかみんなにこのプロレスの業界で活躍してもらいたいなと願っています。

観客の声を聞いて成長した大原

大原にはまったく期待してなかったんですよ。

でも、ある時、メキシコの闘龍門の校長室にいたら大原が「朝ご飯を作りましょうか？」って急に言ってきて、オムレツを作ってくれたんですよ。それがまるで一流ホテルの朝のバイキングに出てくるような、割ると中から半熟卵がトロ～ッと溢れ出てくるようなオムレツで凄く美味いんですよ。

「これ、お前が作ったのか？」「はい、そうです」って。

聞いたら、闘龍門に入る前に調理師の学校に入っていたらしいんですよ。だから「お前、何で調理師にならなかったんだ？」って聞いたら「プロレスに入ったらちゃんこ番があるから、道場でちゃんこ番をした時に先輩に美味しいもの食べてもらうと可愛がられるかと思ったんです」って言うんですよ。

「コイツ面白いなあ」と思って。ある意味、賢いじゃないですか。それで「お前をトップ選手にするから」って言って、海外に連れて行くようになったんです。

ウルティモの対戦相手として経験を積んだ大原はじめ

ウルティモの海外の記録を見ると、08年6～7月にイタリアの団体NWEがスペインで開催した『NWEサマーツアー2008』、10～11月の『NWEパワー・キャッチ2008』に大原を対戦相手のダーク・ドラゴン、ブラック・ドラゴンとして帯同している。14年8月30、31日にIGFが北朝鮮・平壌の鄭周永体育館で開催した『インターナショナル・プロレスリング・フェスティバルin平壌』にも同行させ、初日の30日大会ではシングルマッチで戦った。

大原を僕の対戦相手として海外に連れて行ったのはなぜかというと……当然、最初はできないですけど、お客さんの声を聞くこと、反応を感じることで、どこでガーッと攻めればいいのかとか、いろいろなタイミング、間合い、空気とかを、試合を通じて覚えさせたかったからです。それはお客さんがいないと教えられないんです。道場でいくら説明してもわからないですよ。

実際に「今だ！」っていうタイミングでガーッと行けば、お客さんがワーッとなるじゃないですか。それで控室に帰って「わかっただろ？」って。そうやって日々成長していったわけです。

猪木さんに北朝鮮遠征に連れて行っていただいた時に対戦相手として大原を選んだのは、僕もベテランになっていく中で「こういうチャンスはもう多分来ないな」と思ったので、ベストの対戦相手が欲しかったからです。そうしたら彼しかいなかったんです。

試合も「よかったよ」って猪木さんに褒めていただいて。IGFとして行ったから、多分、猪木さんは格闘技をやりたかったんだと思うんです、ホントはね。でも格闘技出身の人たちの試合があまりにもひどくて。

かつての猪木さんは、しょっぱい試合をするとリングに上がって選手を鉄拳制裁していたって聞きますけど、あの頃の猪木さんは、もうそんな感じではなかったですけどね。

ドラゴマニア

ウルティモはオカダや大原といった闘龍門の生徒たちの育成の他に、メキシコでは06年から19年までアレナ・メヒコで『ドラゴマニア』と銘打ったビッグショーを開催している。

06年5月13日の第1回大会ではグレート・ムタを招聘してウルティモ＆ムタ＆アトラン

ティスvsドクトル・ワグナーJr.&ペロ・アグアヨJr.&ウルティモ・ゲレーロというカードを組み、翌07年5月13日大会ではウルティモ&マスカラス&オカダ&マルコ・コルレオーネvs鈴木みのる&高山善廣&SUWA&ウルティモ・ゲレーロという日本のファンが飛びつきそうな豪華カードが実現した。

その他、大物日本人としては05年&08年大会に藤波辰爾、05年大会には佐々木健介がパワー・ウォリアーとして出場している。さらに12年大会に曙、17年大会に秋山準、19年大会には全日本プロレスの三冠ヘビー級王者として宮原健斗が登場した。

僕はメキシコのルチャ・リブレの総本山のアレナ・メヒコで興行を開催してみたいとずっと思っていたんです。でも、それには協賛企業がたくさん必要でした。

そうしたら日本のドラゴンゲートと完全に分かれて、メキシコの闘龍門に専念するようになってから複数の企業が手を挙げてくれて、そこから始まったんです。ルチャ・リブレの聖地で外国人の僕が興行を開催するのはルチャ・リブレの歴史上、初めてのことでした。

05年5月14日のアレナ・メヒコの闘龍門8周年大会がプレ旗揚げで、そこに佐山先生に初代タイガーマスクとして来ていただきました。(ウルティモ&初代タイガーマスク&でド

アレナメヒコでの「ドラゴマニア」は大物日本人選手もゲスト参加（写真は17年、秋山準も参戦）

ス・カラスJr.&vsレイ・ブカネロ&ウルティモ・ゲレーロ&タルサンボーイのロス・ゲレロス・インフェルノ)

日本人レスラーで一番ウケたのはグレート・ムタです。ダントツですね。

あと、高山善廣が出てきた時もデカいんで沸きましたよ。ちょうどドス・カラスJr.がいて、結構いい感じの絡みをしていました。

僕的には、高山&鈴木に関しては、どっちかというと格闘技のイメージあったんですけど、2人ともプロレス頭があって、お客さんの心を掴むのがうまい選手ですよね。彼らの順応性にはビックリしました。

あの2人はメキシコで3試合やったんですけど、『ドラゴマニア2』(07年5月13日、アレナ・メヒコ)では、まだ新日本に移籍する前のオカダと当たっているんですよ(ウルティモ&マスカラス&マルコ・コルレオーネ&岡田かずちかvs高山&鈴木&SUWA&ウルティモ・ゲレーロ)。多分、高山と鈴木のことだから、あの時点ですでにオカダの将来性を感じていたと思いますよ。

健介さんにはパワー・ウォリアーとして来てもらいましたけども、日本人離れしていて、アニマル・ウォリアーとのコンビは凄くウケました。(ダミアン666&ダミアン・エル・

テリブレとの王座決定戦でＵＷＡ世界タッグ王座を奪取）

藤波さんは受けの人

04年7月にフリーになって以来、ウルティモは様々な団体のリングに上がり、ウェート差に関係なく、多くのレジェンド・レスラーと接点を持ってきた。

08年3月からはドラディションにレギュラー参戦するようになり、新日本の道場に住み込んでいた時代に手助けしてくれようとした藤波辰爾と接点が生まれた。

ドラディションではメキシコで復活させたＮＷＡインターナショナル・ジュニア・ヘビー級王座（07年3月4日、アリナ・コリセオにおける王座決定トーナメントで優勝した後藤洋央紀が復活第18代王者に）を巡ってスペル・デルフィン、大原、藤田峰雄と戦い、最終的に第23代王者になったウルティモが今も保持しているが、それ以外の試合では藤波とダブル・ドラゴンとしてコンビを組むことが多かった。

11年12月2日のＩＧＦ両国国技館では藤波のデビュー40周年特別試合としてシングルマッチで対戦相手を務め、本家ドラゴン・スリーパーに敗れている。

11年12月2日のIGF両国国技館では藤波のデビュー40周年特別試合の対戦相手を務め、
本家に対してドラゴン・ロケットを敢行

まずＮＷＡインターナショナル・ジュニアのベルトですけど、あのベルトは僕らが子供の頃、藤波さんが持っていて、ジュニアの象徴みたいなイメージがあったんです。

その後、政治的なことはわからないんですけど、チャンピオンになったチャボ・ゲレロがあのベルトを持ったまま、新日本から全日本に移籍して、大仁田厚さんとの抗争で封印されてしまって。で、チャボがＣＭＬＬに来た時に交渉したらベルトを譲ってくれたんですよ。

チャボは僕が子供の頃、ロサンゼルスの帝王って呼ばれていたから、アメリカ系メキシコ人だと思っていたら、メキシコシティで生まれた生粋のメキシコ人なんです。だから普通のメキシコ人が話すスペイン語なんですよ。

でもエディ・ゲレロは違うんです。テキサスのエルパソで生まれたんですよ。兄弟でも、長男のチャボと次男のマンドはメキシコシティ、三男のヘクターと四男のエディはエルパソの人なんです。

まあ、それはともかくとして、あのベルトはＮＷＡの冠が付いてますけど、日本に所縁あるベルトで僕自身も思い入れがあったから、チャボに話をして復活させたんです。あの

メキシコで復活させたNWAインターナショナル・ジュニア・ヘビー級ベルト

ベルトは今も大切に持ってますよ。

で、藤波さんなんですけど、僕が子供の時に見た最初のイメージは、鋼みたいな体をしていて、ドラゴン・ロケットにも凄い衝撃を受けました。

ジュニア時代のチャボ・ゲレロとの試合もインパクトがあったし、一体どんな人なのか凄く興味があったんですけど、ビックリするぐらい、いい人過ぎますね、物凄く優しくて。メキシコにも2回来ていただいたんですけど。物凄く家族思いの良きパパさんでした。

ああいう人はあんまりいないです。何か自分で主張したりとか、そういうのが一切ない。

「あんなにいい人がいるんだな」というのが藤波さんの印象です。

プロレスラーとしては……全日本の人っておそらく受けが7割、8割で、新日本の人は攻めというような感じだから、まあ、どちらかというと攻めの人というイメージだったんですけど、やっぱりうまい選手になればなるほど、受けの方になるんですよ。藤波さんは受けの人です。あとアントニオ猪木も天龍源一郎も実は受けのレスラーだと思います。

で、初代タイガーマスクはどうだったかと言えば、攻めの人でした。完全にそうでした。

それはその人のスタイルであって、別にどちらがいいとか悪いとかではないですけど、いい試合をするのは受ける方がやっぱりいないと。両方とも攻める方だと試合が結構ぐちゃぐちゃになるじゃないですか。

長州さんが最初にブレイクしたきっかけが藤波さんだったからだというのがあって、藤波さんって誰とやってもいい試合するじゃないですか。藤波さんは、どの試合見ても素晴らしいと思います。

あと、僕が、藤波さんに関して凄いと思うのは、マジソン・スクエア・ガーデンでのデビュー戦（78年1月23日、カルロス・エストラーダからWWWFジュニア・ヘビー級王座を奪取した試合）が素晴らしい試合だったことですね。相手によっては外したりすることあるじゃないですか。でも藤波さんは海外に強い人でした。

藤波さんはメキシコも好きみたいで、1回目に来てもらった時（05年の『ドラゴマニア』）に、いきなり赤いパンツで現れたんですよ。僕的には藤波辰爾のイメージじゃないなと思ったんですけど、藤波さん的には「せっかくメキシコに来たからちょっと変えてみよう」って。赤いパンツの藤波さんのイメージは新鮮でした。

猪木さんはラテンの人

ＩＧＦって格闘色の強い団体だったんで、自分とは縁がないと思っていたんですよ。でも佐山先生のバックアップで２００９年から出させていただきました。

猪木会長は、一言でいうとスーパースター。でも何でも気さくに話してくれる人です。

お酒を飲んでいる時に馬場さんのことをどう思っているのか聞いたんですよ。そうしたら普通に「世間では比べられることが多いけど、人形町の日本プロレスの道場に入ったばかりの頃は２人とも金がなくて、１杯50円のそばを２人で分けていた。俺からしたら兄弟子、兄さんみたいな人だ」って言っていました。

で、猪木さんは馬場さんもそうだし、力道山の話をよくするんです。「力道山はカッコいい人だ」って。嫌いな人の話はそんなにしないじゃないですか。多分、そこには猪木さんの思いがあるんでしょうね。

力道山には凄くシゴかれて大変だったって言いますけど、どこかの相撲部屋の親方が来た時に「こいつを見てくれ。いい顔しているだろ」と褒めてもらったらしいんです。「それ

レジェンドとの対戦で学んだことも多かった(写真は10年11月9日、長州&藤波&初代タイガーvsウルティモ&関本&澤田敦士)

があるから、今がある」みたいなことを猪木さんは言ってましたね。

接してみて感じたのは、とってもラテンな楽しい方で、そういうところからメキシカンな僕のことを可愛がってくれるんだと思います。

藤原さん、長州さんのスタイル

――ＩＧＦでは09年11月3日のＪＣＢホールで藤波&ウルティモvs初代タイガーマスク&藤原喜明が実現して、初代タイガーマスクのジャパニーズ・レッグロール・クラッチに敗れているが、注目だったのは藤原との絡み。脇固め、一本足頭突きを体感した。


よく、そんな怖い試合をしましたよね（笑）。それまで藤原さんとは接点なかったです。あの人はアントニオ猪木ＬＯＶＥな人ですよね。猪木さんに連れられて、危ない所の遠征にはいつも一緒に行っていたと仰ってましたね。

ＵＷＦが生まれてアキレス固めや脇固めがもてはやされるようになりましたけど、あれは昔だったら地味なつなぎ技ですよ。

「技は少なければ少ないほどいい」（写真は09年11月3日のJCBホールでの藤波&ウルティモvs初代タイガーマスク&藤原喜明戦）

それを有名にして、自分のフィニッシュにして、自分のスタイルにして、それをずっと変えていないっていうのは凄いですよ。

海外遠征から帰って、パッとブレイクした人じゃないし、僕は全盛期の藤原さんとスパーリングしたこともないんで、他の先輩から聞くだけですけど、皆さんが「藤原さんの足元にも及ばない」と言ってましたから、どれだけ強いかは想像がつきますね。

で、藤原さんって脇固め、アキレス腱固め、頭突き……あとは何もしないじゃないですか。スープレックスとかもしないじゃないですか。

今、僕は若いコたちに「技は、少なければ少ないほどいい」って言っているんですよ。無駄に多くの技を使わなくても自分のスタイルを確立すれば、自分の型を持っていれば、試合を成立させられるんですよ。そこに行きつくまでは大変ですけどね。

実は、海外で日本レスラーの名前が冠されているプロレス技は、アサイ・ムーンサルトとフジワラ・アームバーだけなんですね。

長州さんとも何度かタッグで対戦させていただきました。本当に試合では、長州さんのただならぬ殺気を感じました。どこからぶつかってもびくともしないダンプカーのような人でした。多分、力道山はこんな感じだったのかなと山本小鉄さんを思い出しましたね。

長州力はラリアットを使い分けていた（写真は10年6月17日、リアルジャパン後楽園ホール＝天龍&藤波&ウルティモvs長州&サスケ&関本大介戦）

長州さんはラリアットを使い分けるんですよ。最初に食った時は、つなぎ技っぽいラリアットで「あっ、リキ・ラリアットってこんなもんか」と思っていたんです（笑）。で、一度リキ・ラリアットで負けた時（10年6月17日、リアルジャパン後楽園ホール＝天龍&藤波&ウルティモvs長州&サスケ&関本大介）には凄いのが飛んできて、体が半回転して、もう喉から血が出ましたからね。まるで丸タン棒でぶん殴られたみたいな感じでしたね。

まあ、僕も2010年前後からキャリア的にレジェンド枠みたいなところに入ることが多くなりましたけど、自分なんかはまだ若手だと思っているんですけどね。全日本でお世話になった渕（正信）さんはレジェンド中のレジェンドだと思いますけど。

正直言ってレジェンドの枠って言っても、長州さんとか、藤波さんとか、天龍さんとかというランクの人たちは別格です。そういうメンバーが揃っていた時に蝶野（正洋）さんが「ドラゴン、俺達、この中だと若手だよね」と笑って言っていました。

レジェンドを集めた『マスターズ』っていう大会があったじゃないですか。「昔の選手が見たい」っていうニーズはあるはずなので、ああいう趣向の興行って面白いと思うんです。実際に『マスターズ』にはお客さんがめちゃくちゃ入りましたよね。

プロ野球だって往年の名選手を集めたOB戦とかドリームマッチがあるじゃないですか。だから、こういう興行はどんどんやった方がいいと思います。

最後の居場所だと思った全日本プロレス

その後、13年9月23日の地元・名古屋の愛知県体育館で全日本プロレスに出場。それまでも武藤体制の全日本にスポット参戦、11年11月の全日本の台湾遠征にも参加しているが、この13年9月は武藤らが大量離脱して白石伸生体制に様変わりしたばかりの時期だった。選手が手薄になった全日本のオファーを受けた形で同年11月からレギュラー参戦するようになり、秋山準体制になっても19年8月までフリーとしてレギュラー出場し続けた。

全日本に参戦するきっかけになったのは木原(文人)リングアナウンサーですね。彼とはプライベートでも仲が良かったんです。「ちょっと今、全日本大変だから力を貸してほしい」ということで。

でも、自分はその時、継続参戦する気はなく、名古屋の1回だけのつもりだったんです

TAJIRIとは世界ジュニアのベルトを巡って名勝負を展開（17年8・27両国）

よ。僕が行ったところで大して力になれないだろうと思っていたんです。

その時に当時の社長の白石さんが、最初、僕が出ることに関して「もうロートルだろう」というような話をしていたらしいんです。ネガティブなイメージがあったらしくて。でもいざ試合をしたら、僕がひとりでいた控室にポーンと飛んできて「ウルティモ・ドラゴンさんですか。これからもぜひ参戦してください」って言われて正直、嬉しかったです。

それで「まだ俺のことを必要としてくれる場所がある」と。その時「最後は全日本プロレスかな」って、ちょっと思ったんですよ。

「新日本にも上がったし、最後は全日本なんだな。これでやり残したことはない」と。

全日本に上がったウルティモは同年12月15日の後楽園ホールで金丸義信から世界ジュニア・ヘビー級王座を奪取して青木篤志、鈴木鼓太郎に防衛後、14年5月29日の後楽園ホールで再挑戦の青木に王座を明け渡した。

ここから青木が全日本ジュニアの主役に成長していったことを考えれば、ウルティモは全日本ジュニアが新時代に向かうためのジョイントになったわけだ。

渕さんは国宝級の人

その後、17年8月27日の両国国技館でもTAJIRIから世界ジュニアを奪取。ビリー・ケン・キッド相手に防衛しただけで、同年10月21日の横浜文化体育館でTAJIRIに奪回されてしまったが、世界を舞台に活躍した2人の〝味わい深い重厚なジュニア戦〟は、通のファンを魅了した。

僕はちょっとベルトとかにはもう絡みたくなかったんですけど、それは流れですね。僕の中では渕さんがいたことで「ああ、全日本プロレスだなあ」と思いました。ちょっと大げさな言い方かもしれないですけど、国宝級の人だと思いますよ。

馬場イズムというか……ロックアップの取り方なんか、多分、馬場さんはああいう感じだと思いますね。秋山準も馬場さんの遺伝子と言えばそうかもしれないですけど、僕は明らかに渕さんの方が継いでいると思うんです。濃いじゃないですか、もっと。

あと、(和田)京平さんもそうだし。だから馬場さんの近くにいた人と仕事ができて、馬場さんの話を聞けるっていうのは非常に貴重な経験でしたね。

白石さんの後に秋山準が社長になったじゃないですか。彼は葉巻が好きなんですよ。僕が葉巻を吸っていて、そこからですね、いろいろ話をするようになったのは。

彼はあんまり他の人と話をしないですよね。凄く真面目な人ですよ。考えてみたら、葉巻のこと以外はあまり喋らなかったですね（笑）。

正直、プロレス観に関しては、彼は全日本育ちじゃないですか。僕はどちらというと新日本系で、そこから海外に行ったりしてるじゃないですか。やっぱり微妙な感性の違いっていうのがあるんですよ。

だから、それを話しても、お互いにスウィングしないと思っていたからプロレスの話はほとんどしなかったです。するんだったら「あの葉巻はどうだった？」とかっていう話ですよ。

居心地はよかったですね。全日本プロレスは凄くよかったですよ。よくしてもらいましたよ、本当に全日本プロレスの人たちとは楽しんでプロレスができました。

第11章 世界をサーキット

イタリアNWEを通じて欧州に進出

2004年7月に闘龍門ジャパンを離れたウルティモ・ドラゴンは、新日本プロレスを皮切りに様々な日本の団体に参戦したが、同時に本拠地のメキシコだけでなく、アメリカのインディー団体を始め、世界各国に活動の場を広げた。

04年12月17日にはニュージャージー州エリザベスにおけるフリーランスを集めた『フュージョン・レスリング』に参加してフェゴ・ゲレーロ（全日本プロレスにミステリオ・レッドとして03年に来日）と組んでジョエル&ホセのマキシモ・ブラザーズに快勝。

同大会には元WWEのスコット・ホール、マーティ・ジャネッティ、Xパック、ジャスティン・クレディブルも名を連ねていた。

そして05年には6月2～6日の全3戦の新日本のイタリア遠征に参加した。

アメリカのインディー団体での試合は、どういう経緯で出るようになったかは憶えてないですね。その時にはもうSNSはあったと思うんですよ。あとはアメリカにエージェントがいたんで、そのエージェント経由だと思います。僕に直接電話があるということは英語もヘタだし、ないですね。

新日本のイタリア遠征は、当時の社長の草間政一さんと仲が良かったから、連れて行っていただいたんです。他の選手はみんな草間さんと衝突していたみたいですけど（笑）。

ぼんやりとした記憶ですけど、最初のマッチメークは、そんなにいいポジションじゃなかったんです。（シチリア島カターニャにおける初戦と第2戦は、いずれも第1試合で金本浩二と組んで邪道&外道に勝利）

でも現地の観客が知っていたのは僕とタイガーマスクだけだった。タイガーマスクはアニメが放映されていたから知名度抜群だし、僕の場合はちょうど新日本の遠征があるちょっと前ぐらいまでWWEの『スマックダウン』の放映を現地でやっていて、それで結構知られていたんです。

それで最終戦のミラノの試合では、僕とタイガーマスクが組んだ試合（獣神サンダー・ライガー&ブラック・タイガーに勝利）が、IWGP戦（天山広吉がスコット・ノートン相手に防衛）の前のセミファイナルになりました。

お客さんは「ドラーゴ！」「ティーグレ！」って、大喜びでしたね。

結果的にマッチメークを担当していた蝶野（正洋）さんに抜擢してもらったんです。

日本、メキシコ以外での活動としては、その後、同年10月8日にニューヨーク州メドフォードのＮＹＷＣ（ニューヨーク・レスリング・コネクション）の興行でジ・アメージング・レッド（前年12月にニュージャージーで組んだフェゴ・ゲレーロ）と組んでクワイエット・ストーム＆ジョシュ・ダニエルズのサイレント・バット・バイオレントと対戦。その後、メキシコＣＭＬＬでの試合を経て、イタリア・トリノを拠点とするＮＷＥ（ニュー・レスリング・エボリューション）に参戦。同月22日にイタリアのジェノバでジェック・エバンス、29日にはスイスのベリンツォナでロウ・キーに快勝している。

イタリアのＮＷＥっていう団体は、元ＷＷＥのリキシがブッカーをやっていて、彼を中心にＷＷＥを離れた選手とかを集めて興行を打って、それが大成功したんですね。

そのＮＷＥのオーナーをやっていたロベルト・インディアーノという人なんですが、実は新日本のカターニャとミラノの興行も手掛けたんですよ。その時に「お前、何か居心地が悪そうだな」って言ってきたんです。

僕は外様というのもあるし、新日本の人たちと距離があることを何となく察したんでしょうね。で、「お前は新日本の選手なのか？」と。草間さんは「ウチの選手だから」と言っていたらしいですけど、自分の立場を説明したら「俺はこういうことやっているから来るか？」と。それがNWEだったんです。

リキシがブッカーをやってるというので「リキシを通した方がいいのか？」って聞いたら「いや。お前は俺が直接呼ぶから大丈夫だ。心配するな」ということで、ジェノバとベリンツォナの大会に出たんですよ。

ジェノバの時は、個人的な旅をしていた時で、スペインのバルセロナから夜行列車を使ってミラノまで行って、ミラノで電車を乗り換えてジェノバまで行ったんですよ。

ロベルトには「お前、大丈夫か？」って心配されましたけど「現地集合で大丈夫だから」って。それで駅前の待ち合わせのホテルに歩いて行ったら「よく来たな！　これからプロモをやるから。それが終わったら、みんなでご飯を食べよう」ってことになったんですけど……ケータリングで出てきたのが、アメリカ人が好きそうなものばっかりなんですよ。レスラーがみんなアメリカ人だから。

僕にしてみれば、せっかくイタリアに来ているのに、フライドポテトなんか食べたくな

ヨーロッパでは電車での移動も

いじゃないですか（笑）。

だから自分で『母を訪ねて三千里』に出て来るような素朴な感じのレストランに行って食べたんですよ。ひとりでポツンと座って、定食みたいなのを頼んだんですけど、その時のパスタが物凄く美味くて。いまだに忘れられないですね。

そこからNWEを通じてイタリア、スペイン、フランス……いろんな国を回るようになりましたね。

基本的には元WWEのレスラーが中心で、地元のレスラーもちょっとだけいました。テレビの影響でお客さんはWWE的な試合を好みます。

NWEのバルセロナの大会でアルティメット・ウォリアーが1試合だけ復活したことがあったんですよ。アメリカからもファンが大勢来ていて、とても盛り上がりました。（08年6月25日＝アルティメット・ウォリアーはオーランド・ジョーダンに勝利してNWE世界ヘビー級王座を奪取。ウルティモは大原はじめが扮したブラック・ドラゴンに勝つ）

大原はスペイン、オカダはイタリアとカナダのUWAハードコア・レスリングに連れて行きましたけど、ミラニート・コレクションa.t.（現ツトム・オースギ）もイタリアに連れて行ったことがあるんです。（06年1月）

現地のローカル料理も楽しみのひとつ

ロベルトが何かでミラニート・コレクションの存在を知って、僕に「誰だ？」って聞いてきたんですよ。「こんなに小さいよ」って説明したら、爆笑して「連れてこい」って。それで連れて行ったんですよ。

「何だ、ミラニートって？」って、大ウケしてました。僕とWWEで一緒だったビリー・キッドマンと試合しましたよ。

ビリー・キッドマンもちゃんと普通に試合をするんですよ。ミラニートが格下だからって技を一切受けないとかは絶対にしなかったですね。

そういう経験を積ませたのは、ミラニートもそうだし、オカダや大原もそうですけど「どんなに上に行っても、どんな選手とやる時にもプロとしての試合をしなさいよ」っていうのをわかってもらいたかったんですよ。いい経験だったと思います。

あの時期の僕はヨーロッパや海外のいろんなところを回っていたから、日本にニュースが伝わらないじゃないですか。「ウルティモ・ドラゴンは一体今何をしてるのかな？」ってマスコミやファンに思われていたと思うんですよ。多分、それは今の自分がいるポジションに物凄く影響を与えた時間なんですよ。姿を消して、いなくなるというのも大事なんです。

異国の文化に触れて感性を磨く

ＮＷＥでは、試合後に必ず打ち上げをやるのが恒例行事。で、地元のレストランを貸し切りにするから毎晩、豪華なイタリアンが食べられるんです。

でも、アメリカ人レスラーが多いんで、彼らはいい加減パスタとかを食べたくなくて、文句言ってましたよ（笑）。

「マックが食いたい」とか言い出して、プロモーターが「しょうがないな。じゃあ、マックに行って来いよ」って。僕が「いや、俺は隣のカフェのイタリアのサンドイッチがいい」って言ったら「支払いが面倒臭いから全員で同じ店に行ってくれって」って（苦笑）。

そうしたらアメリカ人たちは両手いっぱいにマックを買ってきてニコニコ笑っているんですよ。「お前、それ何人分だ？」って聞いたら「全部、俺の分だ」って言うけど、結局半分も食べないんですよ。いっぱい買ったことで満足なんですよ（笑）。

だからアメリカ人って面白いなあって思って。まあ、来ていたレスラーたちだけかもしれないけど、アメリカには食の文化がないと思いました。

僕はまず、その土地に行ったら、地元のものを食べ、それで地元の人たちと過ごして、どういう生活しているのかとかを聞くのが楽しいんですよ。高級店ももちろんですが、いわゆる、地元の人が行くような店も好きですね。

あとはワイン。アメリカのレスラーはビールばっかりですけど、イタリア、フランス、スペインなんかは圧倒的にワインじゃないですか。イギリスだとワインよりもビールだし、ドイツは半々ぐらいかな。

SWS、WAR時代の天龍（源一郎）さんの「お～い、○○○を持ってこい」って飲ませるのは、天龍さん流のコミュニケーションであり、天龍さん流のもてなし方だと凄く理解しているんですけど、自分のペースでワインを嗜むようになってから、酒は自分のペースでゆっくり楽しく飲むものだとわかったんですよ（笑）。

ヨーロッパはイタリアも、スペインも、フランスもワインが美味しいですよね。アメリカもカリフォルニアのワインは美味しいじゃないですか。

今は結構飲みますよ。多分、今の量が飲めて、25歳の時に戻れば、もっと天龍さんに可愛がられていたかもしれませんね。あの頃は本当に飲めなくて、いつもコソコソ目立たないように隠れていました（笑）。

サンフランシスコ遠征時はかならず立ち寄るワイナリー「BIG BASIN」にて。オリジナルワインまで醸造するほどワインにハマった

まあ、試合もそうなんですけど、そういう食文化、いろいろな文化に触れることによって自分がちょっとスケールアップっていうか、いろいろ吸収できたんだなと思いますね。今になってみれば凄く貴重な時間でした。そうそう、マルタ共和国にも行きましたよ。

ＮＷＥがマルタ共和国初となるプロレス興行を開催したのは09年10月2＆3日。ウルティモは2大会いずれもジョディ・フラッシュ（99年7～8月の『第2回ふく面ワールド・リーグ戦』にダッコＣＨＡＮとして初来日し、同年12月から素顔になった）と対戦して連勝している。

その試合を観てプロレスラーになりたいと思い、翌10年にイギリスのプロレス・スクールに入ってプロレスラーになり、マルタに帰国して15年6月にプロレスリング・マルタを旗揚げしたのが、17年7月に全日本に初来日した〝マルタの力道山〟ことギアニー・ヴァレッタだ。ウルティモが試合をした当時、ヴァレッタは19歳だった。

マルタでは凄く豪華なリゾートホテルに泊まったと記憶しています。スペインでも08年7月にマヨルカ島に行きましたけど、あそこも地中海に浮かぶ高級リゾート地で、いい思いをさせてもらいました。WWEでも、海外ツアーでは現地の超高級ホテルに泊まりましたけど、世界中のプロレス団体でNWEみたいな贅沢をさせてくれるところはなかったですね。あり得ないですよ。

シチリアに行った時は空港に観光バスが迎えに来たんですけど、物凄く綺麗な女性が5人ぐらい待っているんですよ。それで「○○に観光に行きたい」とかって言うと同伴してくれて、支払いとかもしてくれて。どういうことかなと思ったら、日本で言うコンパニオンなんですよ。あんなのは初めてでビックリしました。

それに控室にもめちゃめちゃ差し入れがあって、窯焼きのピザがバーン、めちゃ美味いライスコロッケがダーンっていう感じでした（笑）。

イタリアはジェノバ、カンタツァーロ、アベリノ、トレント、リニャーノ・ザッビアドーロ、ボローニャ……シチリア島のメッシーナとか、本当にいろんなところに行きましたね。

そうやって何回もイタリアに行っているうちに、急にイタリア語がわかるようになったんです。スペイン語とイタリア語は、スペイン語とポルトガル語より近いと思います。だから、頭の中に方程式を入れると、いろいろわかるようになるんですよ。

世界中からオファーが絶えない

それまでさっぱりわからなかったんですけど、いろんなことに気づいて、その方程式をパッと入れたら「そういうことか！」って、すぐにわかりましたよ。

プロモーターたちが話をしている時、そこに加わって普通にイタリア語で話したら「いつの間にイタリア語がわかるようになったんだ？」って驚いてましたね。

そんな感じで、日本のマスコミやファンの人たちが「ウルティモ・ドラゴンは何をしてるの？」と思っていた時も、忙しく世界を飛び回ってました。

自分はプライベートと仕事の壁がないんですよ。仕事もプライベートだし、プライベートも仕事だしって感じで。

プロレスって人生そのものじゃないですか。旅をして……試合じゃない時でも旅をしているし。常に新しいものを探したい。

多分、自分の衣装とか、マスクとか、すべてのスタイルは、世界のいろいろな綺麗な風景とか、他の日本人とは違うものを見てきたから生まれた発想だと思うんですよね。

東京の風景を見たら、ヨーロッパの人やメキシコの人は驚くと思うんですよ、近代的で。京都とかに行けば歴史的な建造物もありますけど、でも日本の風景には足りないものがあるんです。何だかわかりますか？　色がないんですよ。

日本と共通しているのはアメリカやイギリスなどのアングロサクソン系の国です。風景が灰色じゃないですか。

それに対してラテンのイタリア、スペイン、メキシコはカラフルなんですよ。例えば、空が真っ青だとか。日本ってホントに空が青い時って、ほとんどないじゃないですか。

空の色、海の色、あと家の壁が黄色だったりとか。あと、服装がみんな華やかなんですよ。凄くカラフルじゃないですか。そういうものを見ている人と見てない人の差って絶対に出るんですよ。だから、感性を磨かないと。

自分の色は、誰の影響を受けたかといったらミル・マスカラスなんですよ。あの人の色のコントラストなんですよ。例えばマスクのベースが緑だったら、縁取りは何色にしようかとか、いろいろあるじゃないですか。

あの人のそばには素晴らしいマスク屋さんがいたと思うんです。マスカラスとマスク屋さんがセットになってるんですよ。僕がマスクを絶対に日本人には頼まないのは、やっぱり感性が違うからなんです。

イタリア人にスーツを仕立ててもらうのと、日本人の仕立てとは明らかに差があるんですよ。言葉で説明するのは難しいけど違うんです。ちょっとした感性ですけどね。

だから僕はマスクもコスチュームも……頭のてっぺんから全部メキシコで作ってます。スーツはイタリアで仕立てます。感性が違うんです。

イタリアに行ったらスーツや、シャツを仕立てたり、それに靴を合わせたり。あとは食文化に触れるとか、カフェに行って向こうのおじさんたちと交流するとか。

そうやって外国の文化に触れて、常に自分の感性を磨いていた感じですね。それは僕にとってプラスになりました。

ヨーロッパのプロレスの実情

NWEではイタリア、スペイン、フランスに行きましたけど、どこに行ってもWWEの影響が大きい。で、イタリアもスペインもフランスも、メキシコと同じラティーノだから沸くポイントが似てるんです。

スペインは3周ぐらい回ってます。バルセロナ、セビーリャ、トレド、サラゴナ、サン・セバスティアン……大原を連れて1ヵ月行った時（08年6～7月）にはカナリア諸島のサンタ・クルス・デ・テネリフェ、ラスパルマス、ラ・ラグーナでも試合しました。

ナポリの有名テーラーの仕立ては筋肉が発達した肉体にもフィットする抜群の着心地

あの時はグッズがめちゃくちゃ売れたんですよ。大原に「メキシコからマスクを持ってきてくれ」って言って持ってきてもらって、相当数売れました。僕は売れたグッズの利益、そこで稼いだ金は、その土地で全部使う主義なんです。

フランスはマルタに行く前（09年9月）にトゥールーズ、アンジェ、オルレアン、ラ・ロシェルを回りましたね。元WWEとしてはチャック・パルンボ、ヴィトー、ミスター・ケネディが参加していましたよ。

フランスは、2014年7月にパリで開催された『ジャパン・エキスポ』にも呼ばれて、みちのくプロレス勢と試合をしています。

イギリスに初めて行ったのは2006年だったのかな？（06年9月24日、オーピントンにおけるIPW：UK2周年記念大会＝エル・ジェネリコ、パック、リッキー・マルビンとの4WAYマッチに勝利）。

多分、NWE経由で話が来たと思いますけど、イギリスにはインディー団体がたくさんあって、それが共存の形を取っているから、どの団体に出ているのか、自分でもよくわからないんですよ（笑）。

イギリスのファンは自分の町から少し離れたところの団体の試合をわざわざ見に行かな

14年7月、パリのジャパンエキスポにも参加

いんですよね。だから団体がたくさんあって、僕らの飛行機代を分割しているんです。

ウルティモが頻繁に遠征していたイギリスでの活躍を調べてみると、面白い記録としては13年5月24日のグロスターシャーのチャーチダウンにおける4FW（フォー・フロント・レスリング）の興行において、今は新日本の鈴木軍として活躍しているザック・セイバーJr.と組んで地元のエディ・ライアン&ジェイソン・ラルソのザ・ライオン・ハーツに勝利。翌25日のウィルトシャーのスウィンドンでは地元のオーエン・フェニックスと組んで元WWEのキッド・キャッシュと、ノアでGHCタッグ王者にもなっているダグ・ウィリアムスのコンビに勝っている。

13年10月にはPCW（プレストン・シティ・レスリング）、SWA（スコティッシュ・レスリング・アライアンス）、SWE（サウスサイド・レスリング・エンターテインメント）、4FWの4団体に日替わりで出場。16年10月22日のスウィンドンでの4FWの興行では地元のメガ・ペガサスとメガ・ドラゴンズなるタッグチームを結成してジム&リーのザ・ハンターズに快勝した。

イギリスもWWEのスタイルが圧倒的（写真は13年の遠征時）

イギリスも基本的にはＷＷＥです。でも、イギリスには元々、ランカシャー・スタイルってあるじゃないですか。実際にランカシャー・スタイルをやるレスラーもいました。僕がやったのは、名前は忘れましたけど、おじいさんでしたよ。

何か腕を絡めながら、体操みたいなことをしてパッパッパッと関節を取るんですよ。僕も一応、何とかやりましたけど、付いていくのがやっとでした。

今はそういうスタイルの若いレスラーは少なくなりました。みんなキックパッド（レガース）を着けて、ＵＷＦの真似だったり、ＷＷＥの真似だったりで、自己満足の発表会みたいです。

13年に4団体を回った時は、各団体で試合しただけでなく、セミナーをやって、現地の若いコたちを教えました。あの時はスコットランドにも行きましたね。（ＳＷＡの試合）スコットランドにも行ったし、高山善廣とドイツにも行きましたよ。

高山と一緒に行ったのは15年5月2日＝オーバーハウゼン、3日＝マンハイムで開催されたｗＸｗ（ウェストサイド・エクストリーム・レスリング）の『ｗＸｗスーパースターズ・オブ・レスリングⅡ』というイベントだ。

ウルティモと高山が試合で絡むことはなかったが、ウルティモは初日にオーストリア・ザルツブルク出身のミゲル・ラミレス、ドイツ・ヴェゼル出身のトビー・ブラントと組んで地元のタッグチームのホット&スパイシー（アクセル・デイターJr.&ダ・マック）とフベントゥ・ゲレーラのトリオに敗退。

2日目はラミレスと組んでダ・マック&ロビー・ブラントに勝っている。

初日こそ手の内がわかっているフベントゥ・ゲレーラが対戦相手の中に含まれていたが、いずれも地元の選手との試合だった。

ドイツもやっぱりWWE志向ですね。イギリスのように昔のキャッチがあるはずなんですけど、猪木さんと戦ったローランド・ボックみたいな選手はいなくて。この時もイギリスと同様にセミナーを頼まれて、若いコたちを指導しました。

NWEは2013年に解散してしまったんですけど、イタリアにはIWS（イタリアン・レスリング・スーパースター）という新しい団体に呼ばれてトリノに行ってます。（16年10月29日＝エル・ダイナミコ&ザ・イタリアン・ドリームと組んでマイケル・コバック&レオ・クリスティアーニ&クリス・コーレンに勝利）

去年（20年）も1月にイタリアのＢＷＴ（ボローニャ・レスリング・チーム）という団体に呼ばれて、ボローニャにあるイーモラという都市で1日2試合をやりましたね。（20年1月18日＝昼はレッド・スコルピオンのＰＯＷジュニア王座に挑戦してノーコンテスト、夜はスコルピオンと組んでＶＰドーザ＆キング・ダンザに勝利）。

あと一昨年の7月にスペインとフランスを旅しながらＡＢＣ（アソシエーション・ビテローワズ・デ・キャッチ）というフランスの団体に呼ばれて、フランス南西部のベジエで試合やりました。（19年7月5日＝ジョー・Ｅ・レジェンド＆トム・ラ・ルファと組んでコルボ＆ミコのブルータル・ブッチャー・チームとファビオ・フェラーリのトリオに勝利）。

ヨーロッパ以外にはプエルトリコのＷＷＣ（ワールド・レスリング・カウンシル）にも行きましたよ。（08年1月5日、マヤグエス＝ジョー・マーキュリーに勝利）

カルロス・コロンの息子でＷＷＥにいたカリートがベンツで迎えに来てくれて、僕だけカジノがついている豪華なホテルが用意されていました。ギャラもよかったし、僕がオーバーするためにアメリカからわざわざ対戦相手を呼んでくれていたんですよ。

カルロス・コロンさんの社長室に呼ばれて、そこの幹部の人たちとご飯を食べたのもいい思い出です。

10年には中南米のエクアドルのリングにも上がった

実際にはプエルトリコのプロレスは下り坂で、2万人が入るような場所でお客さんが1000人ぐらいしか入らなくてちょっと残念ではありましたけど……。

それから南米も行ってますよ。エクアドルのキトで試合してますね。WAR（レスリング・アライアンス・レボリューション）という団体です。（10年11月27日＝ロメオと組んでエル・メガスター&エル・クエルボに敗れる）実は、試合の後に日本人が経営している「田辺農園」で合宿もしました。有名なバナナ農園です。お気に入りのパナマ帽の産地である村にもよく遊びに行きますね。

人脈が広がった葉巻の世界

プロレスではないですけど、十数年前ぐらいからキューバには数えきれないくらい行ってます。新型コロナ・ウイルスが流行するまでは2～3ヵ月に1回行ってました。目的は1つだけ。葉巻です。佐山（聡）先生に誘われて、猪木さんのところに吸いに行ったのがきっかけです。最初はかなり抵抗があったんですけどね。

なぜ抵抗があったかというと、僕は葉巻とタバコは一緒だと思っていたんですよ。で、子

葉巻とパナマ帽がウルティモスタイル

供の頃に買った小学館の『プロレス入門』の中で、ミル・マスカラスが「私はタバコを吸う記者の取材は受けません」と言っていたんです（笑）。

あと、アントニオ猪木はタバコを吸わないみたいなイメージがあったんです。僕はどっちかというと猪木信者で、アンチ馬場さんだったから、ジャイアント馬場さんやアブドーラ・ザ・ブッチャーが葉巻も吸っている写真を見て「スポーツマンは、タバコなんか吸わないんだよ」と思っていましたね（笑）。

でも、マスカラスと知り合いになってみたら「葉巻は別にいいんだよ」と。お酒もワインも豪華に嗜んでましたよ。

で、佐山先生は、お酒も飲まないって聞いていたし、煙草なんかとんでもないっていうイメージでしたけど、でも葉巻を吸われるからビックリしました。

佐山先生に誘われた時に「タイガーマスクも葉巻を吸うし、アントニオ猪木も葉巻吸うから、俺も吸ってもいいのかな」って（笑）。

多分、猪木さんは国会議員になる前から吸っていたと思うんですよ。僕が聞いた話では、葉巻を吸うレスラーって馬場さんというイメージがあったから、猪木さんはマスコミの前では葉巻を吸っているところを見せなかったらしいですよ。でもお会いしたら、普通に葉巻を吸ってました。佐山先生も猪木さんも実に葉巻がお似合いでした。

僕がキューバに行くようになったのは、猪木さんに買ってきてくれと頼まれたからです。最初は何も知識がないじゃないですか。だからメキシコでキューバ産の葉巻を買ってきたんですけど、それが偽物だったんです。

猪木さんはそれをわかっても僕には言わなかったんです。わかる人にはわかるらしいんですよ、本物と偽物の違いが。でも、猪木さんは僕には一言も言わなくて、周りの人が教えてくれたんです。

それで「えっ、マジかよ。それはまずい。じゃあキューバに行かなきゃ」と思ってすぐにキューバに飛びました。それが僕とキューバの始まりです。

キューバはマイアミと目と鼻の先にありますけど、アメリカと対立して経済封鎖とかがありましたよね。日本はアメリカに近い国だからキューバから入ってくる話ってないじゃないですか。だから最初は怖くて危ないイメージがあったんですよ。

でも実際にキューバの人たちと交流してわかったのは、フィデル・カストロ議長が教育と医療に力を入れたことで、教育レベルが驚くほど高いんですよ。

タクシーの運転手がちゃんとネクタイして、筆記体で字を書くんですよ。そんなラテン

キューバには2〜3カ月に1回は行っていた

の国はないです。平均的な教育水準はアメリカより上かもしれないです。

で、キューバに行って、葉巻の世界にどっぷり浸かって。今の僕の人脈は、プロレスより葉巻の方が強力です。葉巻によって、世界中のＶＩＰとか、自分では知り合えないような人とかとの人脈が生まれました。

ハバナで2月と11月に葉巻のイベントがあって、2月はいわゆる業界のイベントで、それこそオークションで3億円とかっていう感じなんですけど。11月は葉巻の好きな人がカジュアルにやるフェスなんです。

そういうことを知らなかったから、初めて行ったのが11月のフェスだったんですけど、タキシードを持って行ったんです。

で、ディナーの時に「あちらの紳士たちを、こちらの席にお呼びしていいですか？」って言われて、Ｔシャツを着た変な兄さんたちが来て。

そうしたらイベント中に知り合ったメキシコ人が僕のことをプロレスラーだって知っていて、耳元で「隣の人にヘッドロックかけるなよ」って言うから「何でだよ？」って言ったら「カストロ議長の息子だぞ」って。

「嘘だろ⁉」って言ったら「だったら、本人に聞いてみろよ」って言われて「すみません、お名前をお伺いしていいですか？」って聞いたら「アレハンドロ・カストロです」。「マジかよ」と。

それで話していたら、周囲の人たちみんなが「あいつは何者だ？」って寄って来るじゃないですか。最初、みんなは僕のことを日本の皇族だと思ったらしいんですよ（笑）。そこからバーッと人脈が増えましたね。

僕は日本からたくさん土産を持って行くんですけど、みんな日本の物が好きなんですよ。だから酒とかお菓子を持って行って、地元の友人を呼んで会食をするんですけど、なかなか手に入らない葉巻を持ってきてくれるんです。それが僕にはとっても嬉しいんですよ。猪木さんのところに持って行ったりとか、他のスポンサーに持って行ったりとか。

メキシコの葉巻の関係者も半端じゃないですよ。めちゃめちゃお金持ちですよ。プライベートジェットを持っていたりとかして、ビックリしますよ。

そんな感じで葉巻は、人脈から何から僕の世界を大きく広げてくれました。

僕は、自分の人生は2回変わったと思うんですよ。そして2回とも同じ人たちが関係しているんですよ。

1回目はプロレスラーになった時です。そこにはアントニオ猪木がいてタイガーマスクがいました。2回目は葉巻と出会ったこと。そこにも登場してくるのはアントニオ猪木とタイガーマスクなんですよ。

これからも、おふたりはずっと僕のヒーローですよ。

アメリカのインディー団体

いろんな国を回ってみて、食事プラス文化的なことで言ったらイタリア、スペイン、フランスが楽しいですよね。ただ本当にプロレスを体感したいんだったら、やっぱりアメリカになると思います。


ウルティモのアメリカ、カナダでの活動を調べると、面白い試合が数々出てくる。07年4月27日にテキサス州ヒューストンの『ＮＷＡプロレスリング・サミット』でＴ・Ｊ・パーキンスとタッグを組んで日本でも馴染みがあるカール・アンダーソンとジョーイ・ライアンのザ・リアル・アメリカン・ヒーローズに勝っている。

07年９月30日のカナダ・マニトバ州ウィニペグのＷＦＸ（レスリング・ファン・エクス

ペリエンス）なる団体のＰＰＶ大会でケニー・オメガに25分の激闘の末に勝利。08年2月2日の再戦でもウルティモが勝利した。

正直、カール・アンダーソンとやったのは憶えてなかったんです。でも、原宿のゴールドジムで練習していたら「Mr.アサイ！」って声を掛けられて、それで試合をやったことを思い出したんですよ。

ケニー・オメガもおぼろげな印象ですけど、ＵＷＦみたいな蹴りをやっていたような気がしますね。当時は「カタい奴だな」と思って。憶えているのはそれぐらいです（笑）。

オメガと試合したウィニペグでは、違う団体だったと思いますけど『エンター・ザ・ドラゴン』（ブルース・リーの映画『燃えよドラゴン』の英題）っていう大会があって、メインイベントが組まれたことがありましたね。（08年1月31日のＰＣＷ＝プレミア・チャンピオンシップ・レスリングでＳＭＡＳＨの常連外国人だったメンタロに勝利）。

このＰＣＷの『エンター・ザ・ドラゴン』の他にも17年2月25日にＰＷＲ（プロ・レスリング・レボリューション）がサンフランシスコのジョン・オコーナー・ハイスクールで

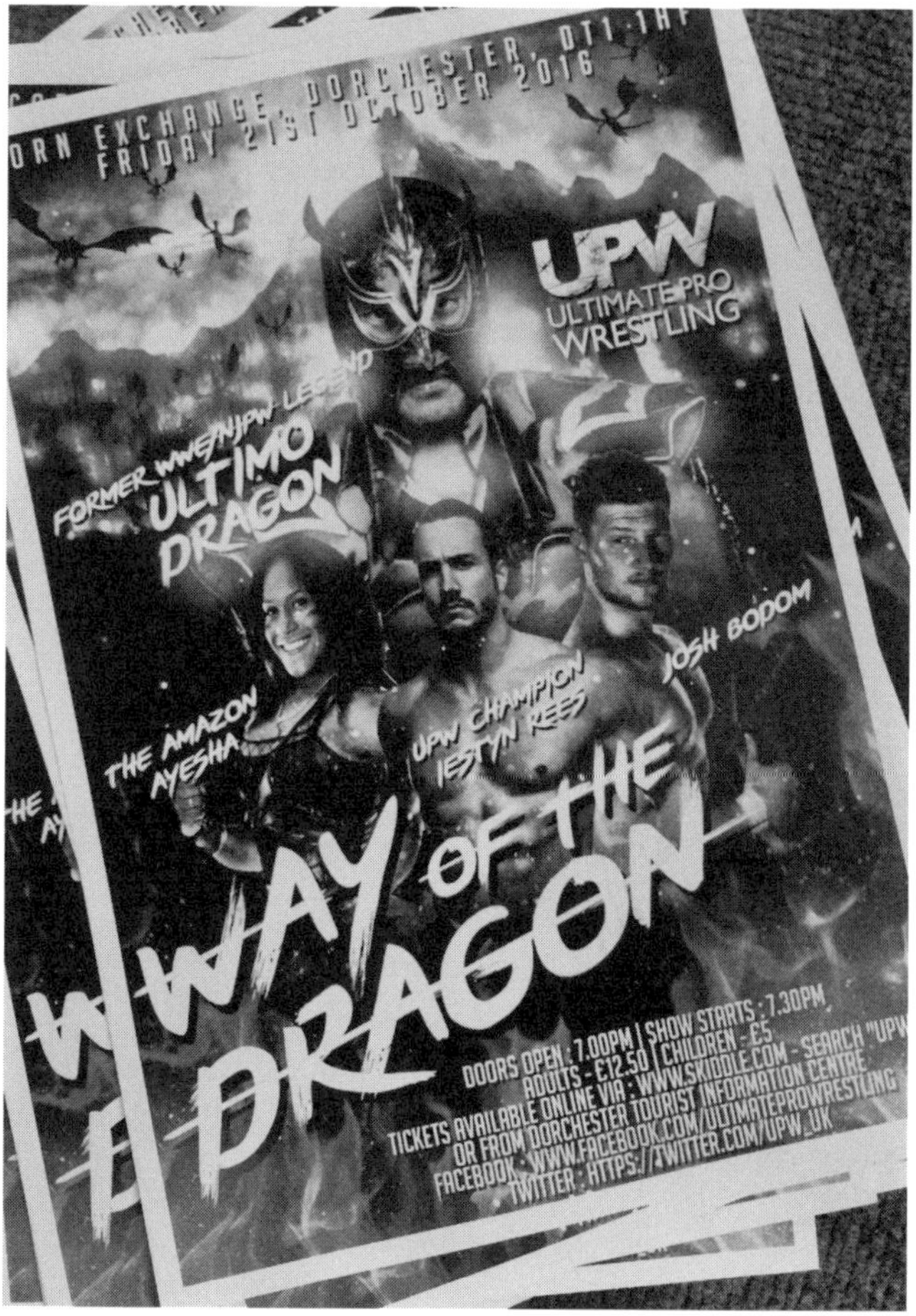

「ドラゴン」を冠した大会にも多数参戦

開催した『リターン・オブ・ザ・ドラゴン』、同年11月4日、AAWがイリノイ州ラサールで開催した『ライズ・オブ・ザ・ドラゴン』、19年3月8日にDEFYレスリングがワシントン州シアトルで開催した『DEFYドラゴン・スピリット』など、ウルティモ・ドラゴンを主役にした大会は数々ある。

サンフランシスコを拠点にしているPWRのオーナーのガブリエル・ラミレスは大親友なんですよ。普段はレスリング・スクールをやっています。ここ3年ぐらいは彼が世界中のブッキングをしてくれています。

PWRには秋山準、TAJIRIを連れて行って、PWRトレーニング・アカデミーで全日本プロレスのトライアウトをやりました。ジョン・オコーナー・ハイスクールでのPPV大会にも一緒に出場しています。(19年3月9日、ウルティモ&秋山&ミステリオッソJr.はコルト・スティーブンス&JRクラトスのザ・ボーダー・パトロール&ビニー・マッサーロに勝ち、TAJIRIはスペル・クレイジーに勝つ)。

同じ年の10月(6日)にはPWRのカリフォルニア州サンノゼの大会でエル・イホ・デル・サントとシングルマッチをやったんですけど、この時はサントと一緒にアメリカ3大

PWRには秋山準、TAJIRIを連れて行ったことも

ネットワークのＮＢＣのベイエリア支局でニュースに出演しています。日本のファンにはわからないかもしれないですけど、メキシコのレジェンドであるサントとアメリカで一騎打ちできたのは、貴重な体験でした。

あと、アメリカでもラスベガス（18年9月1日の『レジェンズ・オブ・ルチャ・リブレ』）、ペンシルベニアのピッツバーグ（18年9月16日の『ルチャ・ピッツバーグ　ルチャ・フェスタ』）、テキサスのフォートワース（19年9月28日の『マルチネツ・エンターテインメント・ルチャ・リブレ・メキシカーナ』）とかでルチャ・リブレの興行があるんですよ。

お客さんはメキシコ人です。サンフランシスコとかでやると、アメリカ人が2割ぐらいの感じだと思います。ピッツバーグの大会はアメリカ人がメキシコのタコス食べたりとか、ビール飲んだりとかのイベントの中の催し物だったと思います。

まあ、アメリカのインディーは、ちっちゃい会場ですよ、５００人入らないぐらいです。でも花道に出ていくとドッカーンって感じで１００倍くらい盛り上がるんですよ。子供の頃にテレビで観ていた実物が出てくるわけだから、お客さんの沸きは凄いです。

僕の記憶では、一番沸いたのはミネアポリスですね。（18年6月2日のファースト・レスリングの『レッスル・パルーザⅫ』でのマイク・クアッケンブッシュ戦）

18年6月2日、ミネアポリスのファースト・レスリングにサプライズ参戦

僕はXという形で第1試合に出たんですよ。凄く狭い会場で、マネージャーに付いてくれたサニー・オノオが「今日は1500人ぐらい入るよ」って言うから「こんな狭いのに1500人も入るわけがないじゃないですか」って言ったら、オールスタンディングだったから本当に入って驚きました(笑)。

大人気のサニー・オノオ

ウルティモは96年8月にサニー・オノオをマネージャーにWCWデビューを果たし、ヒールとしてトップグループ入りした。

97年5月に誤爆によって仲間割れして、ウルティモはベビーフェースに転向したわけだが、10年以上の歳月を経た18年頃からアメリカ各地で再びサニーがウルティモのマネージャーとして登場している。

先のミネアポリスもそうだし、18年11月24日のノースカロライナ州ウインストンセーラムでの『レッスル・ケード2018』でサニーをマネージャーにフベントゥ・ゲレーラと組んでジョニー・インパクト&P・J・ブラックと対戦している。

WCW時代の仲間と再会する機会も多い（写真右からケビン・ナッシュ、サニー・オノオ、スコット・ホール）

試合には敗れたものの、ウルティモがＷＣＷでベビーフェースに転向後、サニーをマネージャーに付けたフベントゥ・ゲレーラと抗争を展開した。そうした過去を考えると、感慨深い顔合わせだ。

さらに19年7月26日のアイオワ州ウォータールーのＩＰＷ（インパクト・プロレスリング）の『ホール・オブ・フェーム・ショー２０１９』ではサニーをマネージャーにマット・スターに快勝、２日後の28日にはミネソタ州タワーのＨＯＷ（ヘビー・オン・レスリング）の『フォーチュン・バエニアII』でサニーをマネージャーにアダム・ローズ、スペル・クレイジー、ワイルド・キャットとの４ＷＡＹマッチに勝っている。

サニーさんは、ミネアポリスの近くの田舎に住んでいて、寂しいから出てくるんじゃないですかね。もう、おじいちゃんですよ（笑）。

懐メロみたいな感じですけど、今でも大人気者ですよ。変な話、あの人が一番人気ですよ。今はベビーフェースだから、ファンから大拍手です。

というよりも、悪いことをやってもお客さんが沸くんですよ（笑）。アメリカ人って素直でいい人たちです、ファンの人たちの反応を見ていると、凄くシンプル……言い方を変え

カリフォルニア州サンノゼにあるPWRに招聘されてエル・イホ・デル・サントとシングルマッチ

ると単純で、嬉しい時は喜ぶし。いろんな国で試合をしていますけど、一番やりやすいのはアメリカです。

アメリカのファン気質

アメリカは、ファンの熱狂度が違うんですよ。アメリカのファンのパワーは本当に凄いです。で、レスラーを凄くリスペクトする。日本のファンの人たちにも覚えてほしいんですけど、向こうのファンは丁寧です。

例えばサインをもらうとするじゃないですか。ちゃんと「今日はあなたに会えて光栄です。物凄い記念になりました」って、みんな言いますよ。写真を撮りたい時には「写真を撮っていただけますか？　写真を撮るにはいくらかかりますか？」って聞きますよ。

アメリカでは人口1万5000人とかのとんでもない小さな町にも行きましたけど、そういうところのファンは「こんな町でも来てくれて、ありがとう」とか言ってくれて。見た目は全身タトゥーで怖いなあと思っても実は優しいとか。結構面白いですよ。

日本のファンがシャイなのはわかりますけど、僕らがいろんな地方に行っても「僕のホームタウンに来てくれて、ありがとう」って言う人はひとりもいないです。心の中では思っているんでしょうけど、もっと自分の感情を表現した方がいいと思います。

アメリカ人、イギリス人とかのアングロサクソンとイタリア、スペイン、フランスのラティーノとでは、ちょっとアプローチが違いますけど、日本人にはそういう表現はないですね。

オーストラリア大陸にも上陸

ウルティモの世界進出はとどまるところを知らない。18年5月11&12日にはオーストラリア・ニューサウスウェールズ州マラヨンの『レスリング・ゴーゴー・オリンピックゲームズⅡ』に出場。初日にはジャック・ボンザ、2日目はビー・ボーイという地元レスラーに快勝している。

さらに昨年20年1月24&25日にはオーストラリアのBCW（バトル・チャンピオンシップ・レスリング）に招かれた。初日はメルボルン郊外のバーウッド・イーストでシッド・パーカー、2日目はシドニーでミック・モレッティに勝利。いずれも地元の選手との対戦だった。

オーストラリアは、国としてイギリスに実によく似てますね。英語圏だけにやっぱりWWEの影響も大きいです。

ああいう初めての国に行くのは自分にとって刺激になりますね。僕にとっては対戦相手がどんなレベルなのかわからない、得体の知れない怖さっていうのが面白いですよ。試合の前の緊張感と、終わった後の解放感は麻薬的な何かがあるんです。あれがいいんですよ。今、凄く残念なのは、新型コロナ・ウイルスの世界的流行によって旅ができないことですね。海外に行ってないと自分の中でバランス取れないですね。

知らない人ばかりのところに行くのって面白いですよ。バッグ持って控室に行くと、いきなりみんなが「記念撮影してくれ」とか本当に嬉しいことがあります。

よく地元の若手レスラーから「トッププロープからの旋回式フランケンシュタイナーをやってください」とかって言われて「そんなのいつのことだっ!」って(笑)。

一番面白かったのが、僕がワイン好きだというのを聞きつけたプロモーターが控室にワインとチーズを用意していたんです。さすがに試合前にワインは飲まないだろうと(笑)。

まあ、時には、とてつもなくしょっぱいレスラーもいるじゃないですか。そういう時は危ないから安易に技を受けないようにするし、こっちも相手が怪我をしそうなことはやらないですよ。で、とりあえず手のひらに乗せてコントロールします。

世界中どこでもそうですけど。僕はウルティモ・ドラゴンというスタイルを変えないので、相手はそのスタイルに付いてくるしかないんです。

僕がラッキーなのは、最初は自分がやりたくなかったウルティモ・ドラゴンというキャラクターに、いまだに世界中からオファーがあるということですね。

プロレスは世界共通のエンターテインメント

世界を旅して感じたことは……日本では新日本、全日本に限らず、必ず踏み絵みたいなものがあったんですよ。「これを超えないとプロレスラーになれませんよ」って。

その中には何があるかって言ったら〝プロレスの掟〟みたいなものがあって、それを知るためには、ちゃんと基礎体力とか、その他いろいろ乗り越えて、初めて仲間に入れてくれる。でも、そこには上下関係とかあったりするじゃないですか。それが日本のプロレスだったわけです、ずっと。

でもアメリカとかメキシコとか、世界はそうじゃないんですよ。元々、エンターテイメントだと思ってレスラーになっているんです。最初の入口から違うんですよ。

僕らの3世代前ぐらいのレスラーの人たちの中には、エンターテイメントだけでは語れない部分があったと思いますよ、危ない目にあったりとか。

そこが難しいところなんですけど、僕はプロレスで食ってきて、プロレスのおかげでいろんなところにも行けたから、あとの世代につなぎたいじゃないですか。

その時々でプロレスの立ち位置がどんどん変わってきているし、業界の流れとして、日本のプロレスをさらに発展させるには「プロレスは何ですか？」って聞かれたら「エンターテイメントですよ」って言うべきだと僕は思います。そうでなければプロレスに未来はないと思いますよ。

第12章

現在、そしてこれから

ドラゴンゲートに背中を押したのは秋山準

2013年11月から全日本プロレスを主戦場にし、その合間に他団体や海外で試合をするという生活になったウルティモ・ドラゴンだが、19年にまたまたターニング・ポイントを迎えた。

19年は闘龍門ジャパンの旗揚げから数えてドラゴンゲートの20周年イヤー。1月16日の後楽園ホールでは20周年記念試合第1弾として、04年の年末に素行不良・職務怠慢を理由に解雇された悪冠一色(近藤修司、〝brother〟YASSHI、大鷲透、菅原拓也、高木〝ジェット〟省吾)のメンバーだった近藤が14年ぶりにドラゴンゲートに登場。

2月5日の後楽園ホールには大鷲、3月7日の後楽園ホールには菅原、そして4月10日の後楽園ホールで悪冠一色5人の揃い踏みが実現した。

そして、この日、吉野正人が「20周年記念大会のピークとなる7月の神戸ワールド記念ホールにどうしても出てもらいたい」と、ラブコールを送ったのがウルティモだったのだ。

ウルティモは来場を熱望されていた5月9日の後楽園ホールに現れなかった。だが、前日8日に新宿FACEで行われた大鷲の自主興行に参加した際に「ウルティモ・ドラゴンがこのリングに立つというのは、そんな簡単なことではない。呼び戻したいのは吉野正人ひとりなのか、ドラゴンゲート全員なのか？」というメッセージを大鷲に託していた。

吉野は全選手を集めて総意であることをアピールし、これを受けてウルティモは6月6日の後楽園ホールで初めてドラゴンゲートの会場に足を踏み入れた。

大鷲にメッセージを託した後、ウルティモは渡米。5月18日にニューヨークのESW（エンパイア・ステート・レスリング）に参戦し、25日にはアレナ・メヒコで『ドラゴマニア14』を開催、その後にキューバに行き、6月1日と2日にはカナダ・オンタリオ州トロントのスマッシュ・レスリングに出場するという多忙な日々を送っていた。

それでも6月6日の後楽園ホールに来場するためにスケジュールを終えた翌日の6月3日にはトロントからメキシコにUターンし、その日の深夜便の日本行きの飛行機に飛び乗り、大会当日の朝に帰国したのである。そして「俺の中で、まだ答えは出ていない」としながらも「コスチュームを持って神戸に行く」と約束したのだった。

7月21日、神戸ワールド記念ホール。ウルティモはマスクとコスチュームを身に付けて、遂にドラゴンゲートのリングに立った。試合は『団体設立20周年記念特別試合　ザ・プレ

ドラゴンゲート復帰の後押しをした秋山準

ミアム』と銘打たれた6人タッグ60分1本勝負。吉野&ドラゴン・キッドとトリオを組んで望月成晃&近藤&菅原と対戦し、望月をラ・マヒストラルで仕留めた。

その後、さらなるラブコールを受けて、予定していたキューバ行きをキャンセル。8月7日の後楽園ホール、10日の土井成樹の地元・なら100年会館に出場。11日はかねてから決まっていた全日本の後楽園ホールにおける『青木篤志追悼大会』に参戦、12日は再びドラゴンゲートの兵庫・MIYACOOCOみなとドームへ。

8月17日~29日は全日本の8月シリーズに参戦したが、その間の8月24日はドラゴンゲートの大田区体育館におけるビッグマッチに出場してB×Bハルク&KAIと組んで吉野&キッド&ジェイソン・リーと戦ってジェイソンにマヒストラルで勝利した。

試合後には吉野から「あなたが作ったのは闘龍門です。今はドラゴンゲートとしてやってますけれども、あなたが帰ってくる場所は、このリングしかないでしょう? そろそろ正式に、このリングに帰ってきませんか?」と、ドラゴンゲートへの復帰……正確には合流をオファーされ、9月11日の後楽園ホールで合流することを受諾。

10月8日の後楽園ホールの試合前に記者会見を行い、株式会社ドラゴンゲートエンターテインメントの最高顧問に就任したことを発表した。

19年7・21神戸ワールドで、ウルティモは遂にドラゴンゲートのリングに立った（ウルティモ&吉野&キッドvs望月&近藤&菅原）

ドラゴンゲートの話は、最初に吉野から連絡があって、木戸（亨）社長が挨拶をしたいというのがスタートでした。僕は木戸社長のこと全然知らなかったんですけど、ドラゴンゲートからドラゴンゲートエンターテインメント（現・DRAGONGATE株式会社）の新しい体制になったから、挨拶させてほしいという話でした。

そこで「ああ、これは仕事の話だな」と直観しました。僕は、1回終わったものをまた繰り返すのはどうかと思いましたけど、生徒だった吉野が「とにかく、どういうことがあったか説明させてください」ということだったから「じゃあ、わかった」と。

吉野が何回も何回も足を運んでくれたんですけど、僕にしてみれば、ビックリすることもたくさんあったんですよ。「そんなわけないだろう!?」ってことがありましたけど、彼はちゃんと、僕にわかりやすく、すべてを説明してくれたんです。

「屋号（＝ドラゴンゲート）は使ってますけど、僕らは新会社を設立して、まったく別の会社としてやっています」と、ちゃんと説明してくれたんで「わかった。じゃあ、何をすればいいいんだ？」と言ったら「もう1回試合してくれませんか？」と。そして木戸社長も「会社のルーツを考えると絶対に校長が必要なんです」と真摯に語ってくれました。

最初は僕も迷いましたよ。その時に僕が相談したのは、全日本プロレスの社長だった秋山準なんですよ。彼が僕の背中を押してくれたんです。

彼はあまり僕にものをはっきり言ってくれないんですけど、その時だけ「いや、いいんじゃないですか。プロレスはストーリーがあった方が絶対に面白いですよ」って。

「なるほど、これも何かの縁だな」と思って「前向きに考えることにします」という感じで全日本からドラゴンゲートにシフトしました。

今考えると、僕がドラゴンゲートに戻るタイミングと、彼が全日本プロレスを出ようかと思案してたタイミングが一緒だったんですね。

多分、秋山準も自分のプロレス人生のストーリーを考えたと思います。

僕にも、日本でプロレスラーになれなくてメキシコを経由して日本に帰ってきて、WCWで成功したと思ったら、左肘の怪我で一度は引退勧告され、でも闘龍門があって、WWEに行ったり、闘龍門を離れたり、ヨーロッパやアメリカのいろいろなインディーに行ったりという、目まぐるしいストーリーラインがありました。

そして、また昔の生徒さんたちが声かけてくれる。これは僕としては嬉しいですよ。

本来、僕の中では、駄目になったものは元に戻るというのはないんです。でも、ドラゴンゲートに戻るにあたっては吉野、堀口（元気）、斎了（斎藤了）たちが来て……まあ、彼らは何も当時の事情を知らないで、会社が一体どうなるのかという中で、流れに乗って行くしかなかったと思うんです。

彼らには、彼らの思いというのがあって……家族で言うと、ある日突然、両親が離婚して、お父さんの僕が出て行って、子供たちはお母さんに付いて行った。それがどこかで喧嘩してお母さんがいなくなって、お父さんが戻ってきたみたいな。一番わかりやすく言うと、そんな感じを受けました。

まあ、彼らが築いてきた歴史があるじゃないですか。だから自分がまとめたり、中のことはしたくないっていうことは言いました。肩書としては最高顧問ですけど、一歩下がったところから見守っているというか。

もちろん「これはどう思いますか？」と聞かれたら、それは答えますけども。彼らが新しい会社を立ち上げて、自分たちで勝ち取った権利じゃないですか。だから彼らの自由にやるべきだと思っています。

実際に戻ってみたドラゴンゲートの印象は……他の団体にも、いいレスラーはたくさんいるじゃないですか。そんな中でドラゴンゲートは団体として、僕の想像をはるかに越えてました。組織としての完成度が素晴らしいと思いますね。これはどこにもないと断言で

19年9・11後楽園のメイン終了後、ドラゴンゲートに正式合流が発表された

きますね。みんな、その人その人の仕事をしています。普通の団体で言ったら、人の3倍、4倍の仕事をみんながしてますよ。それには本当にビックリしました。

54歳の今

去年（20年）の12月12日で54歳になりましたけど、今でもトレーニングは好きですね。ファンだった子供の頃から「プロレスラーはトレーニングをする」っていうがインプットされてますから、練習をしないレスラーを見ると「何でプロレスラーになったのかな?」「何で練習が嫌いなんだろう?」って不思議に思います。

ジムに行くと、周囲からは「凄いですね、努力が」とかって言われるんですけど、別に努力じゃないんです。

この年になると男の人は、好きなことしかやらなくなるじゃないですか。毎日パチンコに行ったり、何もすることがなくて喫茶店行ったりとか。僕の場合、ジムなんですよ（笑）。そこに行くと、自分の居場所みたいな気持ちになって、何か落ち着くんです。

トレーニングは基本的なことしかやらないです。体をお客さんに見せる仕事だからウェ

21年1・13後楽園で、ウルティモをコピーしたボクティモ・ドラゴンと奇跡の合体

イトトレーニングはもちろんやりますけど、あとは有酸素運動ですね。

ユニバーサル（レスリング連盟）で日本に戻ってきた若い頃は「35ぐらいには引退します」とかって言っていたはずですけど、さすがに50過ぎたら絶対にやっていないと思っていたんですよ。

運がよかったんでしょうね。体に悪いところはないし、仕事ができる環境にいる。仕事がしたくても仕事ができない人間がいっぱいいる中で、デビューから今年の5月で34年になりますけど、仕事が途切れたことがないですからね。

当然、既成の団体にいたら、もう肩を叩かれる年齢です。でも、そういうのもないし。この間も「俺はいつ頃、辞めたらいいの？」って聞いたら「好きなだけやってください」って言われましたからね。今だけかもしれないですけどね（笑）。それじゃあ80までやろうかなと（笑）。

日本のプロレス団体でデビューしていない僕は、人間関係で変な上下関係とか組織のしがらみがないので、基本個人主義なんです。だから周りの人を気にしないで、自分が気に入ったこと、やりたいことをやってきて、それが結果的に今の自分を作り、自分のステップアップになっていると思います。

マラソンに例えると、途中で25～30㎞ぐらいでガクッとなっても、ちゃんと持ち直してきましたから、山あり谷ありあったかもしれないけど「人生こんなもんだろう」と(笑)。

今は、せっかく縁があって昔の生徒たちとも仕事しているじゃないですか。僕はバックステージからしか見ることはできないですけど、また1人ぐらい世界レベルのレスラーが出てきてくれたら嬉しいですよね。

改めてプロレスに思うこと

振り返ると、アントニオ猪木、タイガーマスク、ミル・マスカラス……彼らが全盛期の時に僕は子供だったのはラッキーだったと思います。

もし10年ずれていたら違う世代じゃないですか。その時に子供だったら僕の感性は違うものになっていたでしょう。

子供の頃に猪木さん、タイガーマスクだった佐山先生の全盛期を見れたのは大きかった。タイガーマスクは衝撃的でしたから。

彼らの試合を通して「プロレスは闘いをベースにしたドラマだ」ということを植えつけ

すべてはアントニオ猪木から始まった

られたんだと思いますよ。

ファンは、プロレスに自分の人生を反映させるじゃないですか。だから、楽しいだけでなく、苦しいところ、悔しいことも含めて喜怒哀楽をリングの上で表現する。

自分の試合で世間的にいい評価をもらっているのは、ほとんど負けている試合なんですよ。他のスポーツはスポットライトを浴びるのは勝った人だけですよね。でもプロレスは負けた人もスポットライトを浴びるんです。

人生、勝つときもあれば、負ける時もあるし、いい時もあれば、悪い時もある……勝って負けて、負けて勝ってというのがあるから面白いんであって、いつも勝っているとストーリーが続かないです。

今になって考えると馬場さん、猪木さんは、いいところで、重要なところで負けているんですよ。そこが凄いんですよ。だから、たまに僕がひとりのファンとして考えるのは「初代タイガーマスクは、あのまま勝ち続けていたら、どうなっていたんだろう?」って。

あれは佐山先生がトップの絶頂でスパーンと辞めたからこそ、伝説になったと思うんですけど、それはそれで誰も真似できない、凄いストーリーだと思いますよ。

最後はメキシコ

コロナ禍で大変な人がたくさんいる中で、不謹慎かもしれないですけど、2020年というのは、僕にとって決して悪い時間ではなかったです。

いつも特急電車に乗っていると周りが見えないじゃないですか。だからたまには各駅列車でこういう時間も僕には必要だったのかなと。

実は去年の10月にはアメリカに遠征する話があったんです。もちろん、この状況だからキャンセルになりましたけど、そろそろ海外に出たいですね。

コロナの状況次第ですけど、もしかしたら、この本が出版される頃には、どこかに行っているかもしれません。そうやって動いていないと不安になってしまうという、僕は完全に回遊魚なんですよ（笑）。

もうそろそろ僕のレスラー人生のタイムリミットというか、カウントダウンが迫っていることは感じています。でもそれがまだいつのことになるかはわからないです。

ただ、最後はメキシコで引退しようと思っています。

なぜなら、自分はメキシコでレスラーとしてデビューして、最後もメキシコで引退するほうがストーリーとしてはおもしろいんじゃないかなと思うからです。できれば自分がデビューしたパチューカという町で引退できたら嬉しいですね。

最後に、この本を読んでくれている人たちに伝えたいことがあります。

人生は一度きりです。それは偉い人だろうと、お金持ちだろうが、皆同じです。その一度きりの大切な人生で、自分が好きなことを思い切り楽しんでください。

そしてプロレスファンの皆さん、これからプロレスラーを目指している若者、現役のプロレスラーたち、皆プロレスに出会えてよかったと思わないか！

皆がプロレスを信じている限り、プロレスは皆のことを絶対に裏切らない。だからこれからも、思い切り自分の大好きなプロレスを楽しもう。

この本を締めるにあたって、２０２０年、そして今年２０２１年このコロナ禍で、他の多くのエンターテインメントが開催中止しになっている大変な状況下で、強いリーダーシップをもってドラゴンゲートを引っ張っている木戸亨社長には心から頭が下がる思いです。

木戸社長を始め、ドラゴンゲートの選手、スタッフのみんなに本書を通じて感謝の気持ちを伝えさせてください。ありがとう！

かつての生徒たちとも再会（中央上はドラゴンゲートの木戸亨社長）

あとがき

ウルティモ・ドラゴンは本当に多彩な人だと思う。

身長が低いということで、日本ではプロレスラーになる夢はかなわなかったが、メキシコに渡ってデビューすると、わずか1年2ヵ月でUWA世界ウェルター級王者になった。メキシコのルチャ・リブレをベースにしたジャパニーズ・ルチャと呼ばれるスタイルを持ち込み、それはザ・グレート・サスケをはじめ、1990年代の日本のジュニア・ヘビー級戦士たちのロールモデルになった。

そしてデビューしたメキシコ、日本だけでなく、世界でも高く評価され、WCWでは世界クルーザー級と世界TVの2つのベルトを奪取し、さらにはWWEにも上がった。男子レスラーとしてはアメリカ2大メジャーで活躍した唯一の日本人レスラーなのだ。

さらに闘龍門というプロレスラー養成学校を設立して、指導者として、プロデューサーとしての手腕も発揮している。

闘龍門ジャパンを離れてフリーになった後は日本の様々な団体に上がっていたが、注目すべきは世界各国で活躍していたことだ。

日本ではほとんど報道されることはなかったが、本拠地メキシコ、アメリカやカナダのインディー団体はもちろん、ヨーロッパ各国、オーストラリアなどに招聘されるワールドクラスのプロレスラーなのだ。

日本のメジャー団体出身ではない彼がどうやってプロレスを学び、ジャパニーズ・ルチャを確立し、指導者及びプロデューサーとしてのプロレス頭を培い、世界に通用するワールドクラスのプロレスを身に付けたのか？

今回の出版にあたって、共著という形でタッグを組ませていただき、彼の歴史を掘り起こしながらプロレス観、ビジネス観、旅することで培ってきた感性と世界観に触れることができたのは本当に幸福な時間だった。

一体、彼と何時間話したのだろう？　31年前に初めて会った「プロレスラーなのにプロレスファン」の23歳の浅井青年と何ら変わることなく、熱っぽくプロレスを語ってくれた。

きっと、この本の中には、あなたが知らなかったウルティモ・ドラゴンがいます。

小佐野景浩

ウルティモ・ドラゴン

ÚLTIMO DRAGÓN

本名・浅井嘉浩(あさい・よしひろ)。1966年12月12日、愛知県名古屋市港区生まれ。高校卒業後、新日本プロレス入門を目指したが不合格になり、自費でメキシコに渡って87年5月13日にイゴルダ州パチューカでプロレスデビュー。すぐに頭角を現して88年7月には史上最年少のUWA世界ウェルター級王者になる。90年4月6日には同ミドル級王座も奪取して2階級制覇を達成。日本へは90年3月のユニバーサル・レスリング連盟の旗揚げで凱旋帰国。91年10月にUWAからEMLLに移籍してウルティモ・ドラゴンに変身した。同時に日本での戦場をSWS→WARと変え、IWGPジュニア、ジュニア8冠王座などを奪取した後、96年8月からアメリカWCWに進出。世界クルーザー級、世界TV王者になったが、98年7月に左肘の手術のミスのために戦線離脱。長期欠場の間は97年4月に設立したプロレス学校・闘龍門で指導者に専念、99年1月には日本興行を成功させた。その後は新団体・闘龍門ジャパンのプロデューサーとして手腕を発揮。02年9月に復帰を果たすと、03年5月にWWEに進出。04年5月に帰国後、闘龍門ジャパンを離れてフリーになり、日本の各団体、メキシコ、ヨーロッパ、アメリカ、カナダ、オーストラリアなど世界を舞台に活躍。19年10月8日にラブコールを受けてドラゴンゲート最高顧問に就任した。

小佐野景浩

KAGEHIRO OSANO

1961年9月5日、神奈川県横浜市鶴見区生まれ。幼少代からプロレスに興味を持ち、高校1年生の時に新日本プロレス・ファンクラブ『炎のファイター』を結成。『全国ファンクラブ連盟』の初代会長も務めた。80年4月、中央大学法学部法律学科入学と同時に㈱日本スポーツの『月刊ゴング』『別冊ゴング』の編集取材スタッフとなる。83年3月に大学を中退して同社に正式入社。84年5月の『週刊ゴング』創刊からは全日本プロレス、ジャパン・プロレス、FMW、SWS、WARの担当記者を歴任し、94年8月に編集長に就任。99年1月に同社編集企画室長となり、02年11月からは同社編集担当執行役員を務めていたが、04年9月に退社して個人事務所『Office Maikai』を設立。フリーランスの立場で雑誌、新聞、携帯サイトで執筆。コメンテーターとしてテレビでも活動している。06年からはプロレス大賞選考委員も務めている。著書に『プロレス秘史1972−1999』(徳間書店)、『永遠の最強王者 ジャンボ鶴田』(ワニブックス)などがある。

独学のプロレス

第1刷　2021年3月31日

著者　ウルティモ・ドラゴン
小佐野景浩

発行者　小宮英行

発行所　株式会社 徳間書店
〒141-8202　東京都品川区上大崎3-1-1
目黒セントラルスクエア
電話　編集(03)5403-4332
販売(049)293-5521
振替　00140-0-44392

装丁　金井久幸[TwoThree]
本文デザイン　岩本巧[TwoThree]
カバー写真　小澤達也[StudioMug]
山内猛
本文写真　ウルティモ・ドラゴン
山内猛
小佐野景浩
DRADITION
DRAGONGATE株式会社
印刷・製本　大日本印刷株式会社

ISBN978-4-19-865233-3